グローバル
ビジネスコミュニケーション
研究

GLOBAL BUSINESS COMMUNICATION
Theory and Application

亀田尚己
佐藤研一
［著］

文眞堂

はじめに

　グローバルビジネスは，企業間の国際商取引と企業による国際経営から成り立っている。そのグローバルビジネスの現場で生じる問題の多くは，文化，言語，習慣，法律などの違いから生じる誤解に起因している。それらの問題を，ビジネス英語やビジネスコミュニケーションの立場から解明し，グローバルビジネスの世界で起きる誤解の原因や対策について考えていこうというのが，著者たち2人が本書を執筆する動機であった。

　上記のような問題の多くは，当事者間相互の誤解に基づいていることが多い。それは，売り主や買い主，あるいは本社のマネージャーと海外子会社の現地従業員という，メッセージの発信者と受信者の間におけるコミュニケーションに問題があることを意味している。「こう言った」，「いや，そうはとれなかった」，「そういうつもりで言ったのではない」，とか「相手は分かっていると思っていた」というようなやりとりがグローバルビジネスの場ではよく起きる。それはなぜか？　簡単に言えば，たとえお互いが理解できる共通語を使用していても，話し手（書き手）と聞き手（読み手）の生まれ育った文化圏内での慣習や言語などがそれぞれ異なるからである。

　「文化とはコミュニケーションである」とは『沈黙の言語』で名高い文化人類学者E・T・ホールの言葉である。ホールは，「文化とははじめからしまいまで，常にコミュニケーションの1システムである。（中略）文化の捉え方にはさまざまあるが，根本的には情報を送り出し，伝達し，保存し，処理するシステムが文化といえる」と述べている。それぞれ生まれ育った文化背景が異なる発信者と受信者が行うコミュニケーションが異文化コミュニケーションであるとするならば，それはまた，一般意味論が説く「言葉には意味がない。意味は（それを使う）ヒトにある」という命題にもつながる問題といえよう。

　私たち2人は，このような考え方を基底に置き，「言語とコミュニケーションは別のものである」，「英語ができるからといって世界の人々とのコミュニ

ケーションが可能になるとは限らない」という考えからそれぞれ，研究を続けてきた。この2つの思いに加え，グローバルビジネスにおいて広く使用されている英語をBELF（Business English as a Lingua Franca）と捉える，北欧を中心とした研究に触発され，その方面の研究にも注力してきている。そのような研究を続けている間に，世界経済の動きはかつての欧米中心であった時代からアジアを含む新興経済圏が主役となる時代へと移りつつあり，そこで使用される商用共通語としての英語は英米中心のネイティブ英語から，まさにノン・ネイティブ中心のBELFへと移っている。

今日では，そのBELFを用いて英文ビジネスメールを交換する相手，対面による商談の相手，またテレビ会議などで議論する相手は，まさにグローバル化している。相手は，何も欧米人だけとは限らない。近似の文化を持つアジアの人々や，欧米文化とは異なる文化と言語を持つ中近東やアフリカの人々とのコミュニケーションが，ビジネスのグローバル化とともに激増しているのが実態である。そうであれば，ネイティブの英語に表れるアリストテレスの論理学や，キリスト教を中心とする西欧の文明に裏打ちされた表現方法だけが絶対に正しく，普遍的なものとはいえない時代を迎えているといえるのではないか。

そのような時代を迎えつつある今日，良好な人間関係を保つビジネスの相手に対して，その文化圏がいずれであったとしても，次のような書き出しのメールを送ることは，決して悪いものとはいえないし，これからはこのような非西洋的な表現方法をビジネスメールに積極的に取り入れていくことも許されてしかるべきであると思う。

Sorry for contacting you by mail.
Here in Kyoto, our sweltering summer is now behind us, and the cooler days of our autumn are in sight at last.
How are things with you?
（メールで失礼します。当地京都は暑かった夏も終わり，少しは涼しい秋の日々がどうやらやってきたようです。その後如何お過ごしですか）

このような気持ちを共有する私たち2人は，近年続けて次のような研究論文

を著してきた。亀田は，Meanings of Words across Business and Cultures: The Significance and Limitations of BELF (2012), Business English across Nations and Cultures: To be Easternized or Not to Be: That is the Question (2013) を，また佐藤は，Business English Curriculum for Global Communication (2011), English for Global Communication——ELF, World English, Globish, or something else? (2012) をそれぞれの勤務校（当時）の紀要で発表している。

　本書は上記に述べたような背景のもとに生まれたものであるが，第1章「グローバルビジネスコミュニケーションの原理」，第2章「グローバルビジネス英語の問題点」，第3章「グローバルビジネス英語コミュニケーション」，そして第5章「異文化コミュニケーションとグローバルビジネス」は亀田の前著『国際ビジネスコミュニケーション再考』の主立った章に新しい知見を加筆，また一部を削除また修正したものであり，第4章「Business English as a Lingua Franca の現在，過去，未来」と第6章「グローバル化を見る視点―文化相対主義」は本書のために佐藤が書き下ろしたものである。その後に補遺として 2013 年 10 月に米国の Global Advances in Business Communication 誌に掲載された亀田の研究論文 Japanese Global Companies: The Shift from Multinationals to Multiculturals を発行元の許可を得て採録してある。

　今回未完成とはいえ，一応まとまりのある書として本書を上梓できるようになったのはすべて私たち各々の恩師や多くの方々のご指導ご鞭撻によるものである。ここにその名を記し，心からの感謝の意を表したい。亀田は大学時代にビジネス英語研究の楽しさを教えて下さり，本格的に「商業英語」の研究をするようにと大学院への進学を勧めて下さった故浅野弘先生，そしてビジネス英語の研究者・大学教員への道を拓いて下さり，直接に厳しいご指導をいただいた故尾崎茂先生，お2人の恩師にはいまだに感謝の気持ちを忘れない。佐藤は次のように多くの方々にお世話になってきた。紙幅の都合もあり，詳細を述べるのは叶わないが，以下にそのお名前を記し，謝辞に代えたい。

　まず，大学人としてのあるべき姿を自らお示しの上懇切丁寧にご指導をいただいた前勤務校武蔵野大学グローバル・コミュニケーション学部長の示村陽一

先生，武蔵野大学のその他の教職員の皆様，Imperial College Management School 時代の恩師 Dr. Eleni Hadjiconstantinou，実務家時代に薫陶を受け英国への留学への道筋をつけていただいた元上司の佐藤健氏と木全真吾氏，大学時代のゼミの恩師である土肥恒之先生，アリストテレス的思考とアジア的レトリックの違いに気づくきっかけを与えてくれた Ms. Joanna Buckingham，その他武蔵野大学グローバル・コミュニケーション学部同学科長小菅和也先生と同志社大学商学部の長沼健先生にもご指導をいただいている。皆様方に対し心からのお礼を申し上げる次第である。私事ながら，父一郎，そして大学で教鞭を取るようになる前に他界した慈母弘子にも心からの感謝を捧げたい。

　本書がこのように世に出ることになったのは，亀田が日頃よりお世話になっている（株）文眞堂専務取締役の前野隆氏と編集その他で多大なご協力をいただいてきた常務取締役の前野眞司氏，ならびに初校から出版までの面倒なお仕事でお世話になった前野弘社長のおかげである。この場をお借りして皆様に深甚なる感謝の意を表する次第である。

　　2014 年 4 月

亀田　尚己
佐藤　研一

Acknowledgments

We, the authors, express our sincerest thanks to *Global Advances in Business Communication Conference & Journal* and Dr. David A. Victor, its Editor in Chief, for permission to republish one of its papers authored by Naoki Kameda and published by GABC, as follows:

Japanese Global Companies: The Shift from Multinationals to Multiculturals (2013, Volume 2, Issue 1, Article 3)

補遺にある亀田の英語論文は，米国の学術誌 *Global Advances in Business Communication Conference & Journal* ならびに同誌の編集主幹である Dr. David A. Victor から許可を得て本書に転載したものである。ここに改めて同誌ならびにデイビッド博士に対し感謝の意を表したい。

目　次

はじめに

第1章　グローバルビジネスコミュニケーションの原理 ……………1
 I　コミュニケーションの理論………………………………………2
 II　言語と文化とコミュニケーション……………………………12
 III　欧米の論理と日本語の論理……………………………………17

第2章　グローバルビジネス英語の問題点……………………………25
 I　記号と意味の言語学的関係……………………………………26
 II　文化により異なる記号や符号などのコード…………………37
 III　英語と異文化ビジネスコミュニケーション…………………44

第3章　グローバルビジネス英語コミュニケーション………………53
 I　グローバルビジネス英語の使用者と言語……………………54
 II　グローバルビジネスの場における用語の意味………………58
 III　グローバルビジネスと異文化コミュニケーション…………62
 IV　相手中心思考のビジネスコミュニケーション………………74

第4章　Business English as a Lingua Franca の
   　現在，過去，未来……………………………………………82
 I　英語の位置付けと役割の変化…………………………………82
 II　BELF (Business English as a Lingua Franca) とは何か …91
 III　BELF がもたらす画一化と多様化……………………………102
 IV　BELF がグローバルビジネスにもたらす求心力と遠心力………106

第5章 異文化コミュニケーションとグローバルビジネス …… 109

- I 異文化コミュニケーションとグローバル経営 …… 110
- II 異文化間で起きる認識ギャップの原因 …… 116
- III 異文化間の認識ギャップを埋める方策 …… 125

第6章 グローバル化を見る視点——文化相対主義 …… 135

- I グローバリゼーションと黒船来航 …… 135
- II West vs. East——アリストテレスと孔子の対立 …… 136
- III East vs. East——覇権を争うアジアの企業 …… 140
- IV 「グローバル化」から文化相対主義へ …… 147

補遺 Japanese Global Companies: The Shift from Multinationals to Multiculturals …… 157

索引 …… 178

第1章
グローバルビジネスコミュニケーションの原理

　今日世界経済を動かしているプレーヤーは，グローバル企業の経営者やグローバルマネージャーたちである。彼らが外国人相手に日々コミュニケーションを行い国際商取引や国際経営を行っている。さらには，その主役は，かつての経済大国であった米国や英国だけではないし，アメリカ人やイギリス人たちだけではない。BRICsをはじめとし，アジアや中近東などの新興国が，そしてその国のグローバルマネージャーたちが国際ビジネスの主役となりつつある。その彼らが使用するビジネスコミュニケーションの用具は，国際共通商用語としての様々な英語である。現代では，そのような英語をBELF（Business English as a Lingua Franca）と呼んでいる。

　いまや英語母語話者総数をはるかに上回る人々が，様々な英語を使用して国際ビジネスを行っている。そうであるならば，その英語は，もはや英米の国語としての英語の論理，すなわちアリストテレス的論理に基づく論理構造をもった英語ではないはずである。ロシア人は，ロシア人らしい英語を使い，中国人は中国人的英語を使用するであろう。また，インド人はヒンズー教や一部の人々はイスラム教の影響を受けた論理に基づく英語を話すことであろう。そしてアラブ人はアラビア語の，マレーシア人はマレー語の，また日本人は日本語の論理に影響されたそれぞれ独自の英語を使用しているに違いない。

　中国人，韓国人や日本人の書く英語が，分野を問わずに英語的ではないと欧米の識者たちに批判されることがよくある。その理由は，「われわれが長年慣れ親しんできたアリストテレス的論理構成になっていない」からという単純なものである。しかし，いまや人口的にも，経済的にも，英語を母語とする国家群よりも大きな規模となってきた国々やそれぞれの文化に固有な論理を無視してよいのかという疑問を持たざるを得ない。彼らの欧米論理に基づく英語の書

き方だけが正しいというのは理屈にはならないし，その「正しい」英語が現代グローバルビジネスの用語として功を奏するとは必ずしも言えない。

本書は，そのような文化や宗教また言語の違いによって異なる文章構成法を含み，グローバルビジネスという場の中における(1)文化とコミュニケーション，(2)主体としての人間とコミュニケーション，そして(3)世界の共通商用語（BELF）としての英語の現在と未来という3つをテーマにして，日系多国籍企業の立場から21世紀におけるグローバルビジネスコミュニケーションのあり方を考えていこうとするものである。

大手企業が売上の7割を海外にあおぎ，営業利益の4割を海外で稼ぎ，その株主の5割近くが外国人となっているような現在，そして中国，イスラム社会，インド，ロシア，ブラジルなどの新興勢力が台頭しつつある現在，日本人経営者だけで世界戦略を適切に判断し戦術を打ちたて，それを果敢に実行し，成功をおさめることはできないような時代を迎えている。日産やソニーをはじめとする日系多国籍企業の経営者の国際化はますます進んでいるが，これは世界経済の変貌と，それに人材的に対応しきれない日本企業の弱さを物語っているといえよう。その弱さとは何か。それが経営者や従業員のビジネスコミュニケーション能力であることは何人も否定できないところであろう。

I　コミュニケーションの理論

前節で日本企業の弱さは，経営者をはじめとし従業員に至るまでのビジネスコミュニケーション能力の低さにあると述べたが，その場合の「コミュニケーション能力」とは巷間よくいわれるように，今や世界語ともいえるようになった英語の能力のことではない。言語とコミュニケーションはコインの両面のようなものであるが，だからと言って両者が同じモノであると思うのは間違いである。英語ができれば世界の人々とのコミュニケーションが可能であると思うのは短絡思考的過ぎるといえよう。それではコミュニケーションとは何か，コミュニケーション能力と言語能力との関係はどのようになっているのか，などにつき以下詳しくみていくことにする。

1. コミュニケーション理論の誕生

　コミュニケーションの語源はラテン語の *communis* である。その本来の意味は,「複数の人やグループに共有されること,平等に分かちもたれること,また共用されること」[1]などである。常識を意味する common sense も,共産主義の communism も,協同社会を表す community もみな同じ語源からの言葉である。同じひとつのものがグループ内の誰にも共有されているということ,複数の個人が共有された場でお互いにつながっているというイメージがコミュニケーションである。

　コンピューター時代の先駆けとなった電子計算機に代表される情報科学の誕生は,3人の優れた科学者,シャノン,ウイーナー,ノイマンの業績に負うところが多い。実は,コミュニケーションが理論として脚光を浴びるようになったのは,情報理論の創始者といわれるシャノンが1948年に発表した「通信の数学的理論」という論文がきっかけであった。そのシャノン理論の解説と通信の一般的理論をまとめたウイーヴァーの論文とシャノンの同論文をあわせて1964年に1冊の本としたのが『コミュニケーションの数学的理論—情報理論の基礎』(Shannon, C. E. & W. Weaver. (1964). *The Mathematical Theory of Communication*, The University of Illinois Press, Urbana.) である[2]。

　シャノンはコミュニケーションの実態を考察するには,3段階の問題があるとし,順次次のようなことを問うことが適当であろうと述べている。

　　段階A　　技術的問題:どのようにして,通信の記号を正確に伝送できるか
　　段階B　　意味論的問題:どのようにして,伝送された記号が,伝えたい意味を正確に伝えるか
　　段階C　　効果の問題:どのようにして,受けとられた意味が望む仕方で相手の行動に影響を与えるか

　その上で,同論文第2章の「段階Aの通信の諸問題」において,そこで考察される通信系を図1-1にあるような記号で表した。

　情報源 (information source) は,伝えるべきメッセージを選択する。選ばれるメッセージ (message) は,まだ心あるいは脳の中にあるが,次に述べる送信機によりやがて書き言葉,話し言葉,図や音楽などに変換される。送信機 (transmitter) は,メッセージを信号 (signal) に変え,この信号は送信

図 1-1

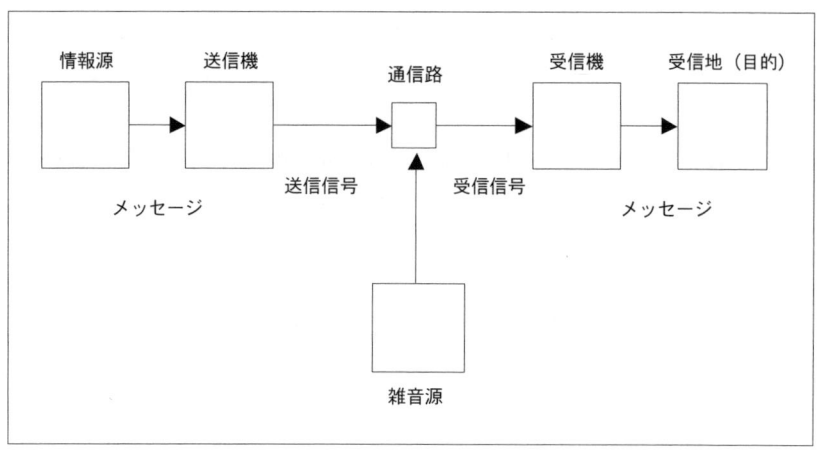

機から受信機（receiver）に通信路（communication channel）を通して実際に送られる。電話の場合この通信路は電線であり，信号はこの線上の変化する電流である。また送信機は装置（電話送信機等）の一式で，声の音圧を変化する電流に変えるものである。

　話し言葉の場合，情報源は脳であり，送信機はさまざまの音圧（信号）を生む発声機構であり，その音圧が空気（通信路）を通して伝送される。携帯電話やラジオの場合は，この通信路は単に空間で，信号は伝送される電磁波である。受信機は一種の逆送信機であり，伝送された信号をメッセージに変換しなおし，このメッセージを受信者に手渡すものである。人が相手に語るとき，自分の脳が情報源で，相手の脳が受信地である。自分の発声系統が送信機で，相手の耳や神経系統が受信機である。

　シャノンとウイーヴァーは，このような送信のプロセスにおいて，情報源が意図しなかったある物が信号に加えられることがあり，それらの期待されない付加物，たとえば電話における音の歪み，ラジオの場合の空電妨害，テレビの画像や明暗の歪み，電信や伝送写真など送信における誤り，などの変化を雑音（noise）と呼んだ[3]。

　同書では，送信機がメッセージを信号に変えることを符号化（encode）と

呼び，受信機が送信された信号をメッセージに変換しなおし受信者に手渡すことを復号化（decode）と呼んでいる。符号化は記号変換とも，また復号化は記号解読とも呼ばれることがある。

このようにその書名『コミュニケーションの数学的理論―情報論理の基礎』が示すとおり，シャノンの理論は，極めて数学的色彩の濃い情報伝達の通信理論となっている。それは，心を持った人間がどのような反応を示し，行動するかといった感情面の考察は捨象し，単なる情報の伝達のみを扱い，ある個によってなんらかの情報が記号化され，その記号がある媒体によって発信され，それが他の個に受信されて解読され，それがその個に一定の意味を与える，というような情報伝達の図式を想定して発展された理論である。

2. グローバルビジネスコミュニケーションの経路
(1) コミュニケーションの要素

国際ビジネスの場において発信者と受信者が互いにグローバルビジネス英語を用いて自分たちの意思を伝達し合うときに，大きな障害となるのが，人間と文化の間に横たわるギャップである。それらについて詳述する前に，まず意思の伝達活動であるコミュニケーションを正しく理解しておきたい。コミュニケーションは次の4つの要素から成り立っている。

1. Sender　　　発信者
2. Message　　伝達事項
3. Medium　　 伝達手段
4. Receiver　　受信者

Message とは伝えるべきことがらであり，Medium とは Message を発信者から受信者へ運ぶ役割を果たすものである。テレビ，ラジオ，新聞，週刊誌などのマスメディアだけではなく，書かれた文字，記号，信号，叫び声，音声，ジェスチャー，顔の表情なども Medium という。このほか覚えておきたいものに次の4つがある。

1. Encoding　　　記号変換
2. Decoding　　　記号解読
3. Feedback　　　反応
4. Noise　　　　　雑音

　Message はそのままでは相手に運ばれることはできない。ある考えを持っていても黙っていては，また顔の表情や手足を動かさずにいては，相手には伝わらない。その Message を相手に運ぶ用具が必要である。それが Medium であり，その Medium へ記号化することを Encoding という。無言無表情の夫や妻や子どもたち，あるいは上司や部下，断食をしている無言の人などもそれぞれ受信者との関係においてある意味での Message を発しているといえるが，この場合にはその無言無表情そのものが立派に Medium の役割を果たしている。

　また，その記号化された Medium は相手に理解されるものでなければならない。具体的にいうならば，日本人として日本語で考えられた Message を相手が理解するグローバルビジネス英語という「記号」である Medium に変換すること，それが Encoding である。

　Decoding とは相手がその「記号」を自分なりに解読し，送られてきた Message の意味を汲みとることである。正しくその意味を理解する場合もあるだろうし，曲解してしまうこともあるだろう。Feedback は「反応」と訳される。会話の中で自分の言ったことに対し，それを聞いた相手が「何かおかしい」と思えば顔つきが変わったり質問をしてきたりする，その相手の表情変化や相手からの質問のことを Feedback という。書き言葉によるコミュニケーションの場合にはこの Feedback はどうしても遅れがちになる。

　Feedback の遅れが生じるのは，発信者と受信者の間に横たわる時間的，距離的隔たりのためである。会話では，上に述べた Feedback によって聞き手がわかっていないなと思えば重要な点をくり返したり，言葉を加えたりできる。しかし，書き言葉の場合には Feedback が遅れるのでこうした工夫を凝らすことができない。そのためにお互いに誤解であることがなかなかわからず問題が大きくなっていったりする。だからこそ，相手に誤解を与えないように

言葉を選び，自分の考えをはっきりとそして明確に表現するように気を配り，意を尽くしグローバルビジネス英語を書くようにしなければならない。

　Noise を一言で説明するのは難しいが，Message を発信者の意図したとおりに受信者に伝わらなくさせるものと考えてよい。受信者が発信者の意図する情報を受信するときに妨げになるすべてのものであるといえる。言葉のとおり騒音，雑音から，読みにくい字や文章，誤解を与えるような表現など，そして異文化間コミュニケーションの問題までいろいろある。Encoding や Decoding の段階で，また Medium のうえで，あるいは発信者や受信者の心の中にも起きる。すなわち，受信者が発信者からの Message の意味を曲解するその要因となるものである[4]。

3. グローバルビジネスコミュニケーションの経路と問題点

　すでに説明したように，記号の送り手はコードを参照して伝達したい内容であるメッセージを記号に変換する。その記号は，何らかの経路を通って記号の

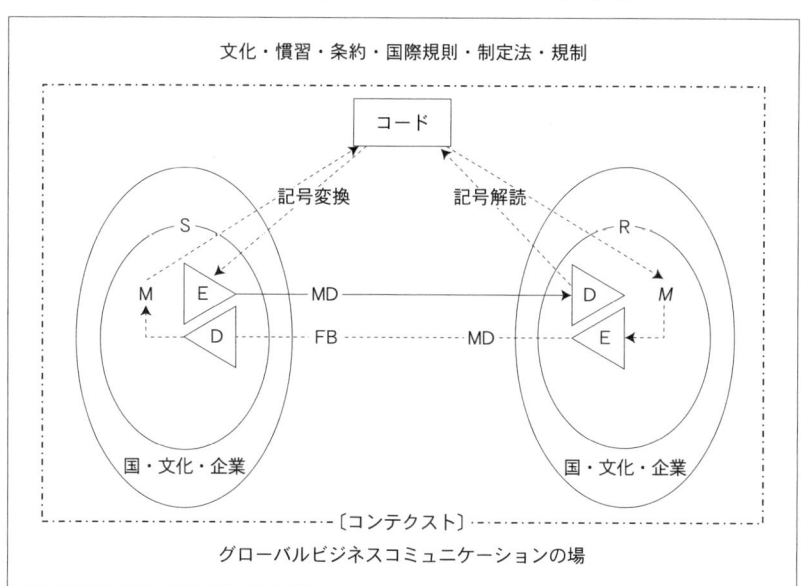

図1-2　グローバルビジネスコミュニケーションの経路

受け手に届く。記号の受け手は，その記号を，再度コードを参照しながら解読していくのである。ただし，国際ビジネスの場では，文化・慣習・条約・国際規則・制定法・各種の規制や，売買両当事者間の関係の度合い，などなどのコンテクスト（文脈）に影響されて記号が解読されることになる。その際の解読は決して暗号解読機によるような機械的な解読とはならない。その「解読」は単純に，あるいは純粋無垢に，コードだけに頼ることをせず，いわばコンテクストをより重要視する「解釈」というレベルにまで高められるのがふつうである。以上を図示すると図 1-2 のようになる[5]。

4. コミュニケーションの定義

我が国の異文化コミュニケーション研究では多くのすぐれた業績を発表してきている古田らは，各種の研究書と論文や，辞書・百科事典の文献から引用したコミュニケーションの定義が 126 にもおよぶという外国文献を紹介している。彼らは，それらの定義を検討した上で，次の 4 つに類型化した[6]。

① 相互作用過程説

全定義の約 35％を占める最大の類型で，コミュニケーションを人間・社会関係の基礎になるものとしてとらえ，コミュニケーションによる人間同士の相互作用を社会の基本的単位とする視点である。「コミュニケーションとは，他者を理解し，かつ他者からも理解されようとする過程で，状況全体の動きに応じて，つねに変化する動的なものである」という定義が代表的なものである。

② 刺激―反応説

定義集では約 20％を占めるもので，これはコミュニケーションを学習理論の観点から機械的にとらえ，刺激―反応という実験的な方法で説得効果に影響する要因を分析しようとする立場のものである。「コミュニケーションとは，刺激に対する生物体の弁別的反応である」とか「人間のコミュニケーションは言語シンボルを通して，反応を引き出す過程である」といったものが挙げられる。

③ 意味付与説

これは，媒体物としての記号が一定の意味を担い，その意味を相手に伝える

過程がコミュニケーションだとみなす立場に基づくものである。この定義には，記号とそれが指示するものとの関係を扱う意味論，言語の誤用が原因で混乱・対立が生じるとして，その是正法を示唆した一般意味論，また文化が違うと時間・空間に付与する意味づけも異なってくると主張する文化人類学的意味論が含まれる。

④　レトリック説

この第4類型では，レトリックを構成する話し手，聞き手，状況，目的といった外的要素に加えて，メッセージ作成についてのレトリックの5つの規範（構想，構成，修辞，記憶，所作）からなる内的要素をそのままコミュニケーションの構成要素だと定義している。ギリシャ時代のアリストテレス，ローマ時代のキケロ，クインテリアヌスのレトリック理論に源を発し，現代のドラマティズムの5要素（行為，場面，行為者，手段，目的）に至るまでの理論を踏まえた類型である。

コミュニケーションという用語には上述したように実に様々な定義が与えられているが，communication の原義は *communis* というラテン語であり，それは英語の common と同じで，「共通である」「共同である」「同じである」「一般的である」「広く分かち持たれている」などの意味である。common man といえば，よくいる人，普通の人，転じて一般人や庶民，そして common sense といえば，誰でもが持っている感覚，つまり共通感覚，転じて「常識」の意味となる。

つまり，同じ1つのものが，誰にでも共有されているということ，分かち持たれているということ。複数の個が，その共有された部分でつながっていることで，『コミュニケーション論』の著者である後藤は，「どうやらこのあたりに，この『コミュニケーション』なる概念に独特の，魅力と困難性とがあるようです」と述べている[7]。後藤は，その訳語としてよく与えられる「伝達」とコミュニケーションとを等値とすることはできないと主張している。

より分かりやすい定義として，「『コミュニケーション（communication）』は文字通り『共通の（common）』ものを生み出す働きである。（中略）つまり，コミュニケーションとは，言うならば，自分が頭の中に抱いている（抽象

的な）広義の思考内容のコピーを相手の頭の中にも創り出す行為であると言える」[8] というものがある。

　いずれにしろ，コミュニケーションとは，一定の状況におけるメッセージの授受により，人間が互いに影響を与え合う過程であるが，コミュニケーション活動は複雑な過程であるために，視点の置き方により多様な定義が可能となる[9]。これまでの定義から1点明らかなことは，コミュニケーションとは単に言葉の伝達だけではないということである。外国語を学習することと，その外国語で外国人とある状況で行われるコミュニケーションは別のものであることをよく理解しておかなければならない。

5. グローバルビジネスコミュニケーションの定義

　それでは次に「グローバルビジネスコミュニケーション」の定義を明らかにしておこう。我が国においては，グローバルビジネスコミュニケーションの研究に関連するものとして，すでに「商業英語」と「ビジネスコミュニケーション」の定義がなされている。ここではまず，「中村定義」として名高い商業英語学の定義から始めよう。

　中村によれば，「商業英語学とは商業英語現象に関する学問であり，商業英語現象とは商業の場において一定の現実的効果をあげることを目的とする意思伝達のために英語を用いて行なわれる動的な言語活動である」[10] という。中村は『ビジネスコミュニケーション論』の中で商業英語学を提唱し，ビジネスコミュニケーションとの関係についてもその研究の成果を詳しく述べている。

　中村定義を受けた形で，後年則定によりビジネスコミュニケーションの定義がなされた。則定は，「現実としてのビジネスコミュニケーションとは，ビジネスの場において一定の現実的効果をあげることを目的とするコミュニケーションである」と定義している[11]。

　ここでは，この2つの定義を踏まえた上で「グローバルビジネスコミュニケーション学」の定義を試みようと思う。その前に再度「グローバルビジネスコミュニケーション」が行われる「場」を検証してみたい。グローバルビジネスコミュニケーションの場を図解してみたのが図1-3であり，次のような事情を図示しようとしたものである。図の中で企業間を結ぶ2本の点線はそれらの

企業が経営面からみて同一企業体になる場合もあることを示す。

- グローバルビジネスコミュニケーション，異文化ビジネスコミュニケーションと言っても国や文化や企業がコミュニケーションを行うのではない。
- グローバルビジネスコミュニケーションを行うのは，国や文化や企業の中心に位置している異なる文化や慣習や言語を持つ生身の人間である。
- グローバルビジネスコミュニケーションの主体である人間は，自分の帰属する企業の企業文化やその企業（あるいは親会社また子会社）が帰属する国の文化に影響を受け，その結果両者の思考や行動に違いを生じる。
- しかし，その人間は国際ビジネス，業界，業種，専門分野という下位文化の中では多くの共通点を持っており，それが両者のコミュニケーションを容易にする。
- グローバルビジネスコミュニケーションが行われる「場」は，条約や各種の国際規則，また両当事者いずれかが帰属する国家の制定法や規制に大きく影響を受けている。

本書では，以上のような条件下にあるグローバルビジネスコミュニケーションを次のように定義したい。

グローバルビジネスコミュニケーションという研究分野が扱う主題あるいは対象は，国際ビジネスという環境の中において異文化圏の人々により実践される言語またコミュニケーションの現象である。「グローバルビジネスコミュニケーション学」は，国際商取引と国際経営の2つを包含する国際ビジネスの場において，異なる文化・言語・制度のもとにあるグローバルマネージャーが，言語を用いて行う意思伝達の際にどのような問題が生じるかを探り，どのようなコミュニケーションが企業の利益を上げるという経済目的達成のために効果的であるかを考察する記述的研究を行う。さらにはまた，問題が生じるとすれば，それはなぜかの因果関係を調査分析し，総合することで解を得，それをもとにして理論化をはかる規範的研究を行おうとする学問である。

図1-3 グローバルビジネスコミュニケーションの図

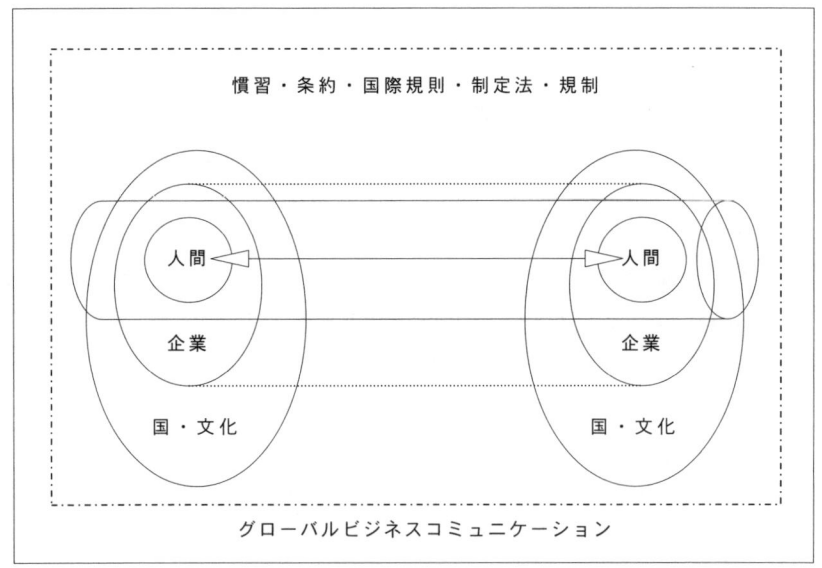

II 言語と文化とコミュニケーション

　前節で英語に代表される語学力とコミュニケーション能力とは別であると説明した。ここでは言語と，個人の発話のもとになる文化と，そしてヒトとヒトとのコミュニケーションについて考察していきたい。まずは，文化を超えると伝わりにくかったり，間違って伝わったりする「意味」についてみていくことにしよう。

1. 言葉の意味の履き違え（行き違い）

　一般的に誤解といわれる「履き違え」あるいは「行き違い」というものだが，その多くは発信者の意図するところが間違って受信者に伝わることを意味している。つまり，発信者の発信したメッセージに使用された記号（言葉やその他の信号）の意味が相手には異なって伝わるか，意味が通じないところに誤

解の原因は存在する。グローバルビジネスの場においては，単純な行き違いや履き違えから抜き差しならぬ大きな問題となり，笑えない結末を迎えた事例も多く報告されている。

「履き違え」あるいは「行き違い」とは，「共通のものを分かちあえない」ということであり，自分の思考内容のコピーを相手の頭の中に創り出すことができないことを意味する。ここで言う「共通のもの」とは「言葉の意味」（言葉によって指示される対象物であったり，抽象的な概念であったりする）と置き換えることが可能である。すなわち，お互いが言葉の意味を取り違える結果，言葉によってあらわされる対象物の絵や概念そのものを分かちあえないことである。後述するが，コミュニケーション理論では，この意味の取り違えをbypassingと呼んでいる。異文化間のコミュニケーションにおける意味の取り違え（bypassing）は，主にコミュニケーションの送り手と受け手それぞれが帰属する集団，社会，国家や地域における文化の違いから発生する。

言語と文化は切り離せないとよく言われるが，言葉の意味は文化によってその範囲の広さや長さが異なっているものである。文化が異なれば，辞書的には同等な，あるいは相当する意味であるとされる2語の意味に大きな開きがあることはよく知られている。たとえば，インドネシア語の besok という語は英語の tomorrow や日本語の「明日」を意味すると同時に，「そのうちに」や「まもなく」をも意味する。インドネシア人の発信者が後者の意味で besok を意図し，その翻訳英語である tomorrow を用いるとすれば，米国人あるいは日本人の受信者との間に誤解が生じるのは明白である。

文化人類学者 Hall は，異文化間コミュニケーション研究の先駆けとなったその著 The Silent Language [12] の中で，文化が異なれば同じ言葉の意味も異なってくるとして，「文化は，『ノー』が『多分』を意味し，『明日』が『決して〜ない』を意味する場合のように，言葉と意味の関係を包括するものである（"culture includes the relationship of what is said to what is meant—as when 'no' means 'maybe' and 'tomorrow' means 'never'"）」という有名な言葉を残している。

「文化によって，どのような状況でどんな言い方をすべきか，あるいは，どんな行動をとるべきかが決まっている。この種のルールは，その文化で生活し

ているうちに無意識に身についたもので，その文化の成員の間で暗黙のうちに了解されている。これをコミュニケーション・ルールという」[13]が，同じ表現でも，文化が違えば，異なる意味を表すことは多い。米ソ冷戦時代に「米国人にとっての民主主義は，ソ連にとっての民主主義ではない（Democracy for Americans is not democracy for Russians.）」と言われたこともあった。また，このことは「かつて私は，軍縮，disarmament という言葉が植民地経験を持つアフリカの人々には『白人による現地人の武装解除』を思い起こさせるものだと，といわれてがく然としたことがありました」[14]という発言にもよく表れている。いずれにしろ，言葉はそれを使う人とその人が帰属する文化や環境によってまったく異なった意味を表すものであると言えよう。

Bypassing はこのように，2人の人間が違うものを意味するのに同じ言葉を使う（あるいは，同じものを違う言葉で表す）ときに発生するものといえ[15]，さらに詳しくいえば「送り手（話し手，書き手など）と受け手（聞き手，読み手など）がお互いに各々の意味を曲解するときに起きる伝達不良のパターンを示す名称である」[16]ということになる。

グローバルビジネスコミュニケーションの場では，BELF としての英語が多く使われるが，母語話者にはごく当たりまえの慣用表現が非母語話者にはその言外の意味（connotation）が察知されないで，表面的な明示的意味（denotation）だけが伝わる結果 bypassing が起きるということが多い。なお，denotation とは言葉の字句の通りあるいは辞書のとおりの意味のことであり，connotation とは言葉に添えられる感情的色彩やその言葉からの連想を意味し[17]，言語学，論理学やコミュニケーション論では，denotation を外延，connotation を内包と呼んでいる。

単語のレベルでは，profit と利益，argument と議論，problem と問題，などが誤解を招くものとして例証されることがある。利益を短期的な成果とみる米国と長期的な事業原資とみる日本，また口角泡を飛ばして議論をし，反対してもそれは討議事項や内容のことであって決して相手を傷つけるものではないという基本的了解がある欧米と，反論することが相手の人格までをも傷つけることになってしまう日本では，同じ言葉を使っても誤解を招くことになるので注意が必要である。

「日本人は suggestion や proposal も問題と言い，英語の problem に内在する否定的な意味は日本語の『問題』にはない。西欧人は，〔日本人との交渉においては〕使用される言葉の内包（connotations）を理解するよう通訳者によく相談すべきだ」[18]と言われるが，まさにその通りである。日本語の「問題」の訳語としては，problem, subject, question, issue など様々なものが考えられる。「政治上の問題」とか「当面の問題」などはそれぞれ a political issue, the question at issue などが適訳であって problem ではない。

オーストラリア政府の1省庁からメルボルンで近々開催するアジア地域会議に技術者を1名参加させて欲しい，現地滞在費と return ticket 分の経費は同省庁で負担するから，と招待を受けた日本企業があった。同社では，取締役会で「なぜ，帰りの切符だけなのだ。往路の旅費を払ってまで社員を行かせるだけの値うちのある会議なのか」という声があり，東京にある同省庁の出張所に経費支弁の確認をしたところ，相手のオーストラリア人との話し合いがうまくいかない。どうも様子がおかしいと思い始めた担当者が，英語（British English）では，return ticket は往復切符を意味するものと知るまでに数分かかり，その後で大笑いになったという。米語で往復切符は round (trip) ticket といい，アメリカ英語に慣れていた日本人側の早とちりであった。

Bypassing は英語母語話者同士の間でも起きる。とくに英語と米語では同じもの（こと）を別の言葉で表したり，異なるもの（こと）を同じ言葉で表したりすることが多く，そこから各種の bypassing が発生することになる。

ロンドン在住の米国人ビジネスマンが，あるとき英国人の顧客から，本当に心から賛美している様子で，彼の妻が homely であるといわれたが，そのことに大きなショックを受けたという。なぜならば，この homely は，英国では「温かい」とか「友好的だ」という意味で用いられているが，米国では同じ homely が（主に女性が）美しくない，器量が並みの，あるいは醜い，という意味で用いられているからであった[19]。

2. 異文化間における Bypassing とその対処策

異文化あるいは異言語の人々がそれぞれの間でコミュニケーションを行う以上，前節で紹介した諸事例のようなことが日常茶飯事に発生しているであろう

ことは容易に想像できる。

実際に著者たちは、それぞれ長年にわたるビジネスマン時代に、先述の「明日」、「難しい」、「基本的にはよろしいのですが」などのほかにも、「一流の国際ホテル対オンボロホテル」、「デリバリー（船積み・配送）の時期」、「以上とmore thanの違い」など数多くの興味深い経験をしてきた。その理由や原因は、ほとんどの場合、一般意味論（General Semantics）の命題である「言葉には意味がない」や「意味は人にある」（Words do not mean at all. Meanings reside in people.）という言葉に見出すことができる。

その一般意味論のエバンジェリスト（教義の紹介者）ともいえるハヤカワは、『思考と行動における言語』の中で数多くの事例を紹介し、この命題（言葉には意味がなく、意味はそれを使う人にある）について詳しく説明している。しかし、彼の主張の一部は、半世紀前には正しかったにしろ、このせまい地球の上にお互いの文化や地域特有の慣習などに疎い人々が共生していかなければならない時代においては、通用しにくくなってきているものもある。

ハヤカワは報告、推論、断定を区別すべしと主張し、「それは素敵な自動車だった」と言うべきではなく、「それは5万マイルも走ったが一度も修繕したことがない」と言うべきであるといい、新聞記者は「一群の愚者どもが、昨夜、町の南端の風致を害している今にもつぶれそうなボロ小屋の元あいまい宿に、スミス上院議員の話を聞きに集まった」と書くことは許されず、「75名から100名ほどの人々が、昨夜、市の南端に近いエヴァーグリーン会館においてスミス上院議員の演説を聞いた」と書かなければならないという[20]。

しかし、この種の情報は、書き手と読み手（話し手と聞き手の場合も同様）が同一文化の社会に住んでいるからこそ分かり合えるものであるといえよう。当該人物やその人物に関わる風評または当該地域の状況やその特徴などを知りえない異文化圏の人々には、後者のようなまっさらな「報告」だけでは足りないし、それだけではことの真相は伝わらない恐れがある。その場合には、異文化圏の人々にもその報告の総合的理解が可能となるような人物や場所の補足説明が必要になってくる。

異文化コミュニケーションを成功させるためには、単に世界の共通語の地位を占めつつある英語の語学力を高めるだけではなく、このように文化を異にす

る相手の立場に立ってものごとをみてみようとすることが大切になる。相手は自分とは違っている、その相手が使う（書き、話す）コトバはどのような考え方に基づいて発せられているのであろうか、また自分が発するこのコトバを相手はどのように受け止めるであろうかと、相手の立場に立って考えることが、相手の言葉を理解したり、自分の言葉を発したりする際に求められる相手思考の考え方である。

Ⅲ　欧米の論理と日本語の論理

　日本人の書き、話す英語を見たり、聞いたりする外国人から日本人の英語は、「論理がぐるぐる回っている感じがする」と指摘されることがある。実は、この「ぐるぐる回る」論理というものに初めて言及したのが、米国で長く各国からの外国人留学生に英文作法を教え、その経験から異文化また異民族の言語スタイルの特徴について精力的な研究と啓蒙的な発表を続けた比較論理学の泰斗であるカプラン（Kaplan, R.）であった。

1. 文化により異なる思考パターン

　カプランは、外国人留学生に対する英文指導という自分の教育経験の中から興味を持つに至った「文化により思考パターンは異なっているのではないかという仮説」を立て、それを証明しようとしたのである。以下の図1-4は1966年の発表以来今日に至るまでの長きにわたり、応用言語学や異文化コミュニケーション理論の世界で数多く引用されて今日に至っている[21]。

　カプランは、ESL（English as a Second Language, 第二言語としての英語）を学ぶ学生による英文エッセイのパラグラフ構造を分析し、対象とした5つのグループには、図1-4のような5つのパラグラフ展開があると分析したのである。その結果、彼は、英語を第一言語とする学生は直線型、ユダヤ人やアラビア人などセム語族系は平行線型、そして東洋人は渦巻き線型であることを明らかにした[22]。

　ただし、後年この分析は、アリストテレス的論理の5段階説（弁論の構造と

図 1-4

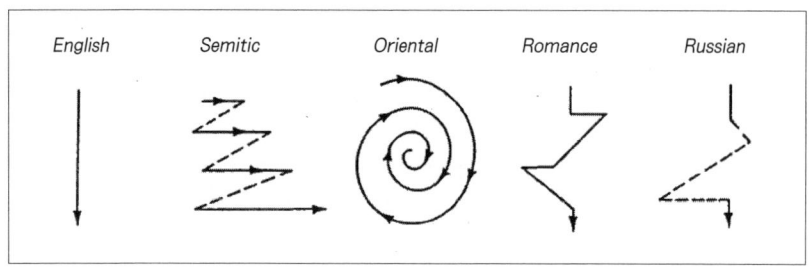

展開のための5段階からなる伝統的修辞論）の一部にしか過ぎない「構造」だけを対象としているとか，中国語，タイ語，韓国語の話者を東洋的（Oriental）と十派一絡げにしているとか，などの批判を受けることになる[23]。そのような批判はあるものの，この図は依然として啓蒙的なものであり，比較論理学（Contrastive Rhetoric）の分野においては多くの指針を与えてくれるものであることには変わりない。

2. 日本的論理に対する外国人の反応

日本語にも詳しい米国の言語学者ハインズは，日本人にはなじみの深い文章パターンである起承転結を次のように英語で説明している[24]。

Ki (First, begin an argument), *Shou* (Next, develop the argument), *Ten* (At the point where the development is finished, turn the idea to a sub-theme where there is a connection but not directly connected association to the overall theme), *and Ketsu* (Last, bring all of this together to reach a conclusion).

ハインズは，『朝日新聞』朝刊の第一面にある「天声人語」の英訳版（Vox Populi, Vox Dei という題がつけられ，もとの「天声人語」欄にはない英文タイトルが必ずついている）にあたりながら日本語と英語の論理の違いを紹介し，日本語の構造をもとにして書き上げられた英文がいかにネイティブスピー

カーには分かりにくいものであるかを証明しようとした。彼は, Vox Populi, Vox Dei を日本人と英語話者両方の読者に読ませ,「統一性（unity）」,「焦点・集中性（focus）」, そして「首尾一貫性（coherence）」の3点で評価するように求めた。その結果, 英語話者たちはその文構造に否定的な反応を示し, 一様に日本人よりも低い評点を与えたのであった[25]。そのような評価のいくつかは, 次のようなものである[26]。

- この文章は整合性に欠けている。いくつかの例がバラバラに出てきて, それをサポートする論議がない
- 論理がぐるぐる回っている感じがする
- このコラムの最後の結論めいた部分は, イントロダクションともタイトルとも, なんら関係がない内容だ
- 自分の学生がこういう英文レポートを提出したら, 書き直しをさせる

ただし, 日本語が堪能で,『朝日新聞』の「天声人語」をよく読んでいるアメリカ人教師のコメントも紹介されていて, それによれば「そもそも, 日本語の文章形式は英語とは異なっているものだし, とくに天声人語は独特の個性を持っている」のであるから, これを英語の論理で理解しようとすること自体を疑問視しているという本人の弁も紹介している。

次に実際に日本人学生が, 英語で自分のゼミの指導教授に「来週のゼミを休みたい」と伝える場合を想定してみよう。きっと彼あるいは彼女は, 日本語で頭によぎる日本語を英語に訳して発話するはずである。そして, それはおそらく次のような英語になるだろう。

(起) Excuse me, but I have to have a talk with you. I had a problem in my eyes last year.
(承) My mother told me that I should go to see the same eye doctor again. We checked his availability at the hospital in Osaka and learned he would be available only on Wednesday.
(転) By the way, the doctor is a very famous oculist and renowned

for his excellent skills, that makes him very busy.
(結) Therefore, I am sorry, but I cannot attend your seminar class next week.

　まず，指導教授と話し合うきっかけをつくる導入句であるが，直接的に関係のない話から始まることもある。次に，その話の内容について説明をする。その後に本題とはあまり関係のないような（それでいて本題においては重要な要素ともなりえる）話が飛び出す。そして，最後に本題の結論である用件を述べる。このような説明先型（結論が後に来て説明が先に来る）あるいは therefore 型であり，まさにきちんと起承転結の形になっているパターンは，日本語の会話や文章の中にしばしば見られるものである。これに対して，アリストテレス的論理によって文章が構成されている西欧社会では，次のような結論先型あるいは because 型が一般的であるといえよう。

I am sorry, but I cannot attend your seminar class next week, because I will have to go and see my eye doctor on Wednesday.

　ハインズは，その後も精力的に日本人の起承転結と英語論理の比較についての研究を続け，多くの著作を残しているが，とくに日本語表現における聞き手・読み手の責任と英語表現における話し手・書き手の責任に関しては傾聴に値するものが多い。この点については，本研究の重要な部分でもあり，次節で詳しく説明していくことにしたい。

3. 書き手（話し手）責任 対 読み手（聞き手）責任
　これまで，西洋と東洋の論理の違いを取り上げて比較検討してきたが，グローバル化時代の今日において大事なことは，お互いにその非を批判しあうのではなく，両者の違いを正しく認識し，文化を超えて行われるコミュニケーションの実践においては，お互いのよい点を取り入れていくという工夫を加えていくことである。
　その意味においては先に紹介したハインズが啓蒙的な研究を行ってきてい

る。ハインズは，起承転結に代表される日本語の論理は一般的に「読み手に，内容を理解する責任がある書き方」であり，英語に代表される欧米の論理は一般的に「書き手に，内容を理解させる責任がある書き方」であると主張し，その研究成果を多く発表してきている[27]。書き手はあまり多くを書かず，読み手の側が書かれている内容を理解する責任を負うというのが，読み手に責任があるとする書き方であり，その逆に書き手がはっきりと読み手が間違いないように理解できるようにメッセージを伝えるよう努力するというのが書き手に責任のある書き方ということになる。

　ハインズの主張は，『木を見る西洋人森を見る東洋人』[28]の著者であるニスベットの見解に相通じるものがある。ニスベットは，「西洋人は子どもに，自分の考えを明確に人に伝える『発信機』であれと教える。話し手には，聴き手が明確に理解できる言葉，さらに言えば，その場の状況と無関係に理解できる言葉を発する責任がある。もしコミュニケーションがうまくいかなければ，それは話し手の責任である」と述べ，さらに「これと対照的に，アジア人は子どもに，よい『受信機』であれと教える。つまり聴き手の側が，話の内容を理解する責任を負うのである」と言っているが，まさにそのとおりであろうという感がする。西洋と東洋では，この点に大きな違いがあることが分かる。

　Different Games, Different Rules: Why Americans and Japanese Misunderstand Each Other という興味深いタイトルの著者であり，在米経験の長いヤマダは同著の中でSpeaker TalkとListener Talkという面白いコトバを紹介している[29]。彼女によれば，アメリカ人は概してSpeaker Talkタイプであり，日本人はListener Talkタイプであるという。すなわち，前者が話し手志向であるのに対し，後者は聞き手志向であるという。

　アメリカ人は，日本人が自分の意見をハッキリ言わない，言えない，と責め，日本人は，アメリカ人たちは自分たちの言わんとしているところを分かろうとしないと責める。たとえば，「どうしてそのようにあいまいなの？」とSpeaker Talkのアメリカ人たちが言う，それに対してListener Talkの日本人が「そうはいうけれども，私の話を聞いてくれないではないか」と答える。お互いが異なる戦略を使って自分たちだけのルールでゲームをしているというのが彼女の主張するところである。

ヤマダ説の正当性は次の事実によって論証されるだろう。著者の1人である亀田は10数年にわたり米国オハイオ州にあるマイアミ大学のビジネススクール（学部レベル）の学生20数名と約同数の日本人ゼミ生による国際交流プログラムを実施してきた。詳細は省くが，米国人学生が京都を訪問し，日本人学生とディスカッションをはじめとする各種のプログラムを共に楽しむものである。そのディスカッションを終えた1人の日本人大学生の声は以下のとおりであり，まさにヤマダの指摘しているとおりのことを述べている（プログラム終了後に提出された英文エッセイの一部）[30]。

- We Japanese wait for someone to talk first, and after we hear the other's opinion, we communicate ours, even though sometimes we may change our opinion. On the other hand, Americans insist on their opinions first, before they listen to the other's opinion.（私たち日本人は誰かが先に話すのを待ちます。相手の意見をまず聞いてから，自分の意見を述べますが，相手のいうことを聞いていて意見を変えることすらもあります。反対にアメリカ人は，他人の意見を聞く前に，まず自分の意見を述べます）。

このように，日米の間にはコミュニケーションスタイルの上で大きな違いがあることが分かる。大事なことは，英語は決して万能薬ではないということ，コミュニケーションスタイルは，上記の例に見られるように，文化によって，また言語によって異なっていること，それが彼我の間のコミュニケーションを難しくしていること，の3点を知り，そのうえでよりよいコミュニケーションを実現するための方策を考えることである。

注
1 *Oxford Latin Dictionary*, Oxford University Press, Oxford.
2 長谷川淳・井上光洋訳（1969）『コミュニケーションの数学的理論—情報理論の基礎』明治図書。なお，同書は（原著のとおり）ウイーヴァーの「通信の数学的理論への新たな寄与」とシャノンの「コミュニケーションの数学的理論」の2つの論文から構成されている。このコミュニケーション・プロセスの図は前者の第2章「段階Aの通信の諸問題」の冒頭にウイーヴァーによって紹介されているものである。

3 同書，14-15ページ。
4 尾崎茂監修・亀田尚己・山本康隆（1991）『最新ビジネス英語を書くコツ』研究社出版，5-7ページに1部削除し，加筆修正。以下同書からの引用箇所は亀田の分担執筆部分であるPart 1 からのものである。
5 同書，8ページの図を1部変更し，それに池永嘉彦（1992）『記号論への招待』岩波書店，39ページの図の要素の1部を援用加筆したもの。
6 古田暁監修，石井敏・岡部朗一・久米昭元（1991）『異文化コミュニケーション』有斐閣，24-26ページ。
7 後藤将之（1999）『コミュニケーション論』中央公論社，15ページ。
8 池上嘉彦（1992）『記号論への招待』岩波書店，37ページ。
9 石井・久米・遠山・平井・松本・御堂岡編（1997）『異文化コミュニケーション・ハンドブック』有斐閣，242ページ。
10 中村巳喜人（1978）『ビジネスコミュニケーション論』同文舘，5ページ。中村の商業英語の定義は，わが国におけるビジネス英語研究の先駆けとなったものといえ，その功績また後進への影響は大きなものであった。なお，中村によるこの定義は，すでに1960年発行の日本商業英語学会研究年報（1959）にも見られる。また，同書の第3章「Business Communicationと商業英語学」にはその定義についてさらに詳しい説明が加えられている。
11 則定隆男（1993）「伝統的商業英語教育に対する批判的考察と国際契約コミュニケーション論の提唱」『商学論究』第41巻第1号，関西学院大学商学研究会，47ページ。則定の功績は国際商取引における契約に着目し，法理論を援用した新しい国際契約コミュニケーション論を提唱したことである。
12 Hall, E. T. (1959), *The Silent Language*, New York, Doubleday.
13 西田ひろ子（1992）『在米日本企業にみる誤解の構造』ダイヤモンド社，104ページ。
14 坂本義和「若者よもっと本を読め」『朝日新聞』，1988.3.27.
15 Locker, K. O. (1998), *Business and Administrative Communication* (4th ed.), Boston, McGraw-Hill, p.88.
16 Haney, W. V. (1979), *Communication and Interpersonal Relations*, Homewood, Irwin, p.285.
17 Locker, *op. cit.*, p.88.
18 Engholm, C. (1991), *When Business East Meets Business West*, New York, John Wiley & Sons, p.121.
19 Ferraro, G. P. (1994), *The Cultural Dimensions of International Business*, Englewood Cliffs, NJ, Prentice Hall, p.44.
20 Hayakawa, S. I. (1978), *Language in Thought and Action*, Fourth Edition, New York, Harcourt Brace Jovanovich.（ハヤカワ，S. I. 著，大久保忠利訳（2009）『思考と行動における言語　原書第4版』岩波書店，（第30刷），42-45ページ。）
21 Kaplan, R. B. (1966), "Cultural Thought Patterns in Intercultural Education," *Language Learning* 16, pp.1-20.
22 Connor, U. (1996), *Contrastive Rhetoric*, Cambridge, Cambridge University Press, p.15.
23 *Ibid.*, p.16 and p.31.
24 Hinds, J. (1983), "Contrastive Rhetoric: Japanese and English," *Text* 3, no.2, pp.183-195.
25 Connor, *op. cit.*, pp.41-42. ハインズがこの研究成果を発表したのは，Retention of Information Using a Japanese Style of Presentation, *Studies in Linguistics* 8 (1984): pp.45-69. であった。
26 鳥飼久美子（1998）『ことばが招く国際摩擦』ジャパンタイムズ，212-221ページ。

27 Hinds, J. (1987), "Reader versus Writer Responsibility: A New Typology1, Chapter 8," *Writing Across Languages: Analysis of L2 Text*, MA, Addison-Wesley Publishing Company, pp.142-152.
28 ニスベット, R. E. 著, 村本由紀子訳 (2004)『木を見る西洋人　森を見る東洋人』ダイヤモンド社, 75 ページ。
29 Yamada, H. (1997), *Different Games, Different Rules: Why Americans and Japanese Misunderstand Each Other*, NY, Oxford University Press, pp.37-40.
30 Lee, S., Schwarz, J., Coyle, J., Boulton, T. & Kameda, N. (2014), "Important Business Considerations For Successful Entry Into The China Market," *Journal of Business Case Studies - First Quarter 2014*, Vol.10, No.1, p.74.

第 2 章
グローバルビジネス英語の問題点

　私たちは，ふつう記号を使ってコミュニケーションを行っている。記号（Symbol）とは，話し言葉や書き言葉としての言語，音符の書かれた五線紙，ジェスチャー（交通巡査の手信号），色（止まれや危険を意味する赤色）など，私たちが伝えたいことがらやものを，全般的取り決めあるいは一般的合意（General agreement）によって，表現する表象あるいは符号のことである。
　上に述べた「合意による」ということは，コミュニケーションとは双方向的なプロセスであり，メッセージを伝え，メッセージを受取る人間同士の協力と注意を必要とするものであることを意味している。その記号が指し示すことがらやもの，あるいは考えは，指示物（Referent）と呼ばれている。コミュニケーションの受け手がコミュニケーションの送り手の送ってきた記号を，正しく送り手の意図した指示物に関連づけることができないとき，結果として不完全なコミュニケーションとなる[1]。
　たとえば，英語でBlue Mountainといえば，普通はジャマイカ島部を東西に走る山地のことをいう。その最高峰は2256メートルであり，その下方1000～1500メートルの山腹ではブルー・マウンテン・コーヒーが栽培されることでよく知られている。実は，米国にもオーストラリアにもBlue Mountainという山地はある。いずれの場合にも，標高が高いために遠くから眺めると青く見えるためにそう呼ばれている。この場合のBlue Mountainが記号であり，具体的な山地が指示物である。
　それでは翻って，青山学院大学の校名でもある「青山」はどうであろう。この日本語の読みは，正しくは「せいざん」であり中国語では「チンサン」である。それは決して青く見える山ではない。樹木の青々と茂った山であり，この場合の「青々」は「緑濃い」という意味である。「人間到る所青山あり」（蘇軾

詩「是所青山可埋骨」）という漢詩にも詠われた骨を埋めるところ，すなわち墳墓の地を表す[2]。

　日本語の青は意味の広い言葉であり，英語の green と同じように，「青二才」「青臭い」「青侍」などのような語に付して，未熟な，若い，などの意を表す接頭語としても用いられる。さらには，「青田」や「青物市場」のように緑色植物一般を表す言葉としても用いられている。広辞苑によれば，古代日本では，固有の色名としては，アカ・クロ・シロ・アオがあるのみで，それは明・暗・顕・漠を原義とするという，とある。その定義としては，「七色の一や三原色の一」，「緑色にもいう」，「青信号の略」などがならぶ。

　従って，日本語や中国語の「青山」は決して a blue mountain ではないということが分かる。正しくは，a green mountain としなければならないはずである。同じことは交通信号にもいえて，上記の広辞苑の定義にもあるように，私たち日本人は緑色の信号を「青信号」という。これをそのまま英語に訳してしまうとおかしなことになる。なぜならば，欧米人やアジアの人々にとってゴーサインを示す信号の色は緑色であるからである。

　日本語の「青信号に変わった」を "the light is blue" と英語に翻訳するということは，単に日本語で表された言葉の内容を英語に置き換えただけであり，それでは言語の翻訳としては正しいとしても，文化を翻訳したことにはならない。ちなみに英語では，このような場合 "it's green" という。このような単純なことが実は，グローバルビジネスの世界でも日常茶飯事に起きている誤解の原因となる。以下では，言語と文化の翻訳という観点からいくつかの事例を見ていくことにしよう。

I　記号と意味の言語学的関係

1. 言葉の問題

　言語は記号であると前節で述べた。ネパール人が言うには，ネパールでは標高8千メートルを越えた地表の突起物のことを「山」と言い，それ以下の高さしかない山地は「丘」と呼ぶという。このネパールにおける「山」（日本語で

ヤマと発音する言語としての記号である）の定義（ネパールの人が指し示す8千メートルを越える山地という指示物）によれば，わが国日本には「山」は存在しないことになる。なぜならば，日本で一番高い山は2013年ユネスコの世界遺産に登録された富士山であるが，その標高はわずか3776メートルにしか過ぎないからである。ネパール人とのコミュニケーションにおいて「山」という単語を使用する場合，たとえそれが英語に訳されa mountainという言葉であるとしても，私たちの指示物とネパール人の指示物では大きな違いがあるということをわきまえておかなければならない。

著者の1人である亀田は，30歳代の始めごろにビジネスで日本と欧州を頻繁に往復していたことがある。あるときアテネで取引先の役員たちといわゆるビジネスランチをしたことがあった。パルテノンの神殿を近くに眺める丘の上にあるレストランで長時間にわたる昼食を終え彼らと丘の上を散歩していると，遠くに修道院らしきものが見えた。それを見た亀田は，「あそこに古い修道院がありますね」と彼らに話しかけた。すると，ギリシャ人の副社長が，「古いですって？あの建物は決して古くありません。16世紀に建ったまだ新しい修道院ですよ」という。最初は何かの誤解かと思ったが，そうではなかった。

紀元前何百年あるいは何千年のころの遺跡がごろごろしているギリシャにおいては，「古い」という形容詞（それが翻訳されて使用されたoldという英語による記号）が指し示す指示物は紀元前のころのものであり，日本で言えば戦国時代に当たる16世紀に建てられた修道院は「まだ新しい」のである[3]。

また別の機会であるが，ジャカルタの取引先との間で銀行送金の期日に関して電話で話合いが行われたことがあった。同社の社長は，「送金は明日実行するから安心して欲しい」という。しかし，その「明日」がなかなかやってこない。痺れを切らした担当者が電話をして問いただすと，「確かに明日（英語でtomorrowと使用された）送金するといったが，まだ『明日』はきていない」という返事であった。絶句した担当者が散々言い合いをした後に学んだことは，インドネシア語の明日（besokという）は，英語のtomorrowの意味もあるが，later onもin the near future（そのうちに）という意味をも含む幅の広い多義語であるということであった。このことは，インドネシア語対英

語の辞書にも明記されている[4]。

これらの事例は，どれも現地語が英語に訳されて使用されたときに起きていること，そしてその英語の単語がそれぞれ文化を異にする人々の間に「履き違え」あるいは「行き違い」といわれる誤解をもたらしていること，という2点の共通項を有している。「英語さえできれば世界の人たちとのコミュニケーションが容易になる」という主張は，その論拠においてかなり弱いものであるということがよく分かる証拠となりえるだろう。

2. 色の問題

本節の冒頭でも述べたように色も，それこそいろいろな意味を持つ記号である。鈴木は，その著『日本語と外国語』の中で，数多くの資料を引用して，日本語，英語，ドイツ語，ロシア語，フランス語，多くのアジア諸国の言語，またイスラムの言語圏において虹の色はいくつと数えられているかについて詳述している[5]。鈴木によれば，虹の色は，日本語では7色とされているが，英語では6色とされ（同著では7色あるいはそれ以上と答える人々がいることにも触れている），ドイツ語では5色，ロシア語ではかなりまちまちで，4色から7色までいろいろと表されているなど，個々の事実を詳しく紹介している。

また，吉田は，彼の執筆担当部分である〔諸民族の虹認識〕の中で「虹に対する認識は諸民族によって一定していない。虹は一種の自然現象であって，世界中どこでも虹の現象には本質的な差異がないが，虹をいかに考えるかは，かならずしも一定していない。虹の色の認識についても，メキシコのマヤ系ツォツィル語を話すチャムラの集団においては，一説では，虹の色は7色でなく3色である。上からアオ（青＝緑），黄，赤の順序である」と述べている[6]。中央アジア南西部の共和国トルクメニスタンとその近隣諸国では，虹の色は4色とされている[7]。

さらには，『虹－その文化と科学』を著した西條は，同書の中で鈴木と同じように数多くの事例を参照しながら，国や民族による違いを紹介している。彼によれば，日本でも昔（1600年代）は「赤・枇杷色・青黄」とし「虹ニハ三様ノ色ヲアラワス也」と3色しか認めていなかったそうである。また，色認識の乏しい未開民族の間では，虹の色は，2色，せいぜい3色どまりとなると述

べている。西條は，わが国で虹を7色というのは，江戸時代の終わりごろに西洋から入ってきて，次第に定着した考え方であるといってよいであろうという。

異文化コミュニケーションの研究で名高い古田らは，「人間がさまざまな事象を知覚，認知および意味づけをするときには，文化の一部としての言語の影響を受けると考えられる。たとえば日本の辞典や事典は，『虹は七色のスペクトルで成る』と定義づけ，日本人は空の虹の色を7色に識別するよう条件づけている」と言い，さらにはFarb[8]の説を引用して，「虹の色の分類は普遍的ではなく言語によって著しく異なり，英語では6色，ローデシアのショナ語では4色，リベリアのバサ語では2色に分けられる。この言語的分類がその言語を話す人たちの虹の色の識別に影響をあたえるということは，興味深い問題である」[9]と述べている。

この古田らの「人間がさまざまな事象を知覚，認知および意味づけをするときには，文化の一部としての言語の影響を受けると考えられる」という主張は説得力あるものと思う。

このように虹の色の数え方（7色から2色までの記号）は，文化により，また言語によって，その実際の虹（指示物）との関係において，それぞれ異なっている。たとえばの話であるが，外国でプレゼントを買い，それをギフト包装してもらい，「虹の色の数だけのリボンで結んで欲しい」と店員に依頼するとしよう。そのときその国がどこかによって，リボンの数は自分が期待していたものとはずいぶんと異なるものになるということは想像に難くない。

同じことは，異文化間にまたがるグローバルビジネスにおいても言えることであり，製品の色をどうするか，というときには十分過ぎるほどの注意を払う必要がある。

あるとき日本郵政公社からポストの形をした貯金箱の注文を受けた東京の会社があった。同社は，日本のメーカー数社に引き合いを出したのだが，見積価格が郵政公社の希望する単価からほど遠かったため，最後の手段として中国の玩具メーカーにファックスで引き合いを出した。すると，中国側から予算内の価格がオファーされてきたため，早速に見本の制作と送付を依頼した。2週間ほど経過した後に中国の玩具メーカーから見本が送られてきた。そのパッケージを開封した同社の担当者は，中に入っていた見本を見て驚いてしまった。何

とそのポストの形をした貯金箱は緑色をしていたのである。

　この問題の原因は，「ポストの色は赤い」という日本の常識は，わが国の中だけで通用するものであることに気がつかなかった日本人社員の不注意であるといえよう。これも，**郵便ポストという指示物を表す記号（色）は国により，文化により異なっている**という事例の1つである。ちなみに郵便ポストの色は米国では青であり，ロシアではグレー，例に挙げた中国やアイルランドでは緑色，シンガポールでは白である。その他，国によりポストの色は異なる。

　色の問題の最後として交通信号の問題を取り上げよう。交通信号は，周知のように緑色が「進め」，赤色が「止まれ」，そして黄色が「注意」である。それぞれの色（記号）がそれぞれの意味（指示概念）を表している。さて，この交通信号であるが，それは上述した虹や郵便ポストのように国や文化によってその意味が異なるということはあるのであろうか。

　日本人ビジネスマンが西アフリカのある国を訪れ，早速に同地での新規顧客の開拓のためにレンタカーを借りて町へ出ていった。その数分後彼は交通事故に合い，救急車で病院へ運ばれることになった。なぜならば，彼は前方の信号が青色（緑色）に変わったのを見てアクセルを踏み発車したのだが，左側から出てきたクルマと衝突してしまったのである。同国では，青色（緑色）が「止まれ」で，赤色が「進め」であったことを知らなかったばかりに起きてしまった事故であった。

　このようなことが本当にありえるのであろうか。そのような事故がこれまでに一度も報道されていない，ということはそのようなことはありえない話であるということを示している。

　しかし，それならば，なぜ交通信号という記号が表す指示概念は全世界どこへ行っても同じなのであろうか。いったい誰が，どこでそのようなことを決めているのであろうか？　この事実は，異文化の世界における記号と指示物の関係において大変重要な示唆を与えてくれているのだが，次節で詳しく説明することにしたい。

3.　その他の記号の問題

　わが国の国旗は，「日の丸」の名のとおり真っ赤な太陽が白地の中央に来て

いる日章旗である。四季の変化に富み、稲作が重要であった農耕民族のわが国の祖先にとって、太陽は万物の生命の源である。太陽神として天照大神を崇めてきたのもそのためであるといわれる。それ以来日の丸は、戦国武将たちの扇や旗印、家紋などに用いられ、また江戸時代には薩摩藩主であった島津家の貿易船にも掲げられるようになった。開国後には徳川幕府が日本の船に掲げる「総船印（そうふなじるし）」と決め、その後明治政府が 1870（明治 2）年太政官布告の「商船規則」で日の丸を日本の船に掲げる国旗と決めたのであるが、それはあくまでも船に掲げる旗の決まりであった[10]。

日本の国旗一般についての規定は、爾来 130 年近くにわたり存在していなかった。現在では、1999 年 8 月施行の「国旗及び国歌に関する法律」により、日の丸は法制によって国旗とされている（同法の施工と同時に、上記の「商船規則」は廃止された）。そのような事情にもかかわらず、一般的には、それ以前の長い間にわたって日本人の誰もが日の丸を日本の国旗と思ってきたのはなぜだろうか。

それは、本章の冒頭で説明した「全般的取り決め（一般的合意）」によるものである。その説明の出典となった著書の中で著者たちは「たとえばわが国を表徴する日の丸の旗は国家的、国民的な同意ないし取り決めがなければ単なる布切れにすぎない。われわれ国民がこぞってこの日の丸の旗を、日本を表徴することにしようという同意ないし取り決めによって、日の丸の旗が記号としての存在価値をもつのである」と述べている[11]。

おもしろいことに、上記の日の丸の解説をしている『朝日新聞』の記事は、法律もないのに日の丸を日本の国旗としていることに対する政府の見解を次のように報道している。「これに対し政府は、『日の丸を国旗、君が代を国歌とするのは、国民的確信だ』という立場をとっている」。政府のいう「国民的確信」がここでいう「全般的取り決め」と同意であることは説明を俟たずして明らかであろう。

この日の丸であるが、ところ変われば品変わる、あるいは十人十色で、それを眺める人が異なれば、まったく異なった意味を与えることになる。日本人ならば、オリンピックやその他の国際競技会で、日の丸がポールに掲揚されていくのを見て涙すら覚えることであろう。

しかし，その日の丸を嫌うアジアの国々の人々もいる。いや，海外だけではない。実は，一部の沖縄の人々にとっても日の丸のイメージは悪い。憲法記念日に関西地方の家々の玄関先に掲げられた日の丸を見て心臓がドキドキと早く脈打つのを感じ，「恐い」と思い，「戦争」がくると思った1人の沖縄出身の学生がいる。同地では，第二次世界大戦末期の沖縄での日本軍によるいまわしい出来事が今も語り伝えられているからであるという。

別の理由だが，日の丸が表象する太陽はアラブの国々でも評判が悪い。アラブ社会では，太陽は世界を熱砂の海に変え，万物を干上がらせ，まかり間違えば死をも意味する忌まわしき存在なのである。そのような土地であれば，太陽は忌み嫌われる天体であることも容易に想像できる。「一年中，砂漠の中で灼熱の太陽に苦しめられて生活をするという文化を持つ人々にとって，太陽は日本人が考えるような，恵みを与える生命の源ではなく，まかり間違えば死を意味する呪わしき存在なのだ」[12]。鈴木がいうように，朝日や旭，太陽や日の丸をブランドにした商品は日本に多いが，それらの商品は中近東では売れないという話にはうなずけるものがある。

それでは，アラブの民たちが好む天体は何かということになるが，それは月であるという。憎むべき天体である太陽が沈むと，砂漠は突如として涼しくなる。人々は生気を取り戻し，ようやく人心地に返る。ふと空を見上げると，そこには月が冷たく美しく輝いている。だからこそ，アラブ文化に基盤をもつイスラム文明の中では，月が，それも特に三日月（新月）が賞賛されることになる。そのことがイスラム教を国教あるいは重要な宗教とする9ヵ国で新月が国旗の中に取り入れられている理由であると鈴木は述べている[13]。

三日月（新月）はまさにイスラム文明そして国家としてのトルコの象徴であり，それを the Crescent と最初の C を大文字で書けば，主に歴史用語として使われるのだが，イスラム社会の，あるいはオスマン帝国の政治力を意味する単語となる[14]。

ところで，記号としての三日月（新月）に関して興味深い報道があったので紹介したい。「救急医療活動のシンボルとして国際的に認められている『赤十字』と『赤い三日月』（赤新月）に加え，3つ目のマーク『赤いひし形』が14日から正式に使われることになった。世界中の多くの国は救急活動のマークに赤十字

を使用しているが，イスラム諸国では十字がキリスト教の十字軍を連想させることなどから赤新月を使っている。しかし，正三角形を2つ組み合わせた「ダビデの盾」をシンボルとするイスラエルの救急活動組織「マゲン・ダビド・アドム（ダビデの赤い盾）」が赤十字と赤新月の使用を拒んでいたため，国際赤十字活動への参加を拒まれ，長年の懸案となっていた」というのである[15]。

マゲン・ダビド・アドムはイスラエルの建国に先立つ1930年の設立で，1949年から国際赤十字社・赤新月社連盟への加盟を申請していたそうであり，実に58年ぶりに認められたことになる。このようにそれぞれの記号には，「単なる記号の問題」と簡単には片付けることができない，根深い精神的，民族的，また政治的な意味が象徴されているのである。

次に，月影についてみてみよう。私はすでに拙著『国際ビジネスコミュニケーションの研究』でこの問題について詳述しているが，月の影は何に見えるかという点も国や文化によって大きく異なっている[16]。日本では兎が臼で餅を搗いている，というが，英語をはじめとする欧米圏の言語では単に月の男 (the man in the moon) としかいわない。ある文化圏ではおばあさんが孫娘とヤギのお乳を搾っているといい，他のところでは兎が立っているとか，アフリカの多くの国々ではその地方に住む野生動物がいるといっているなど，実に様々なケースがあり興味が尽きない。

このように，ある指示物（月影）に他人とは異なった見方と呼び名（記号）を与え，そのように認識しているということ，すなわち同じ対象物を相手の見方とは異なったものとして見てしまうということをよく理解しておく必要がある。また，そのようにして一度出来上がったイメージは，それを変えようとしてもなかなか変えられないものである。こうしたことがビジネスの場でのコミュニケーションの阻害要因になっている。

前節で，交通信号は全世界どこへいっても同じであり，それ故に外国でクルマを運転していても，その地での交通信号に従い運転していれば事故とは無縁である，と説明した。それは，後述するように交通信号の場合には「全般的取り決め（一般的合意）」がしっかりしているからである。その交通信号とは正反対に，国によって，文化によって，同じ指示物をあらわす記号が異なっているものがある。

トイレのドアの印などはその好例であろう。交通信号では，赤色に「止まれ」，黄色には「注意」，そして青（みどり）色には「進め」という意味が与えられている。色が指示記号としての役割を果たしているのである。それと同じように，日本のトイレの入り口は，青色で男性の袴姿，そして赤色で女性の着物をデフォルメしたマークで男女別を表しているところをみかけることがある。もう少ししゃれたところでは，トランプのキングが男性用でクイーンが女性用を表しているのを見かけることがあるし，その他最近では，しゃれたデザインのマークを使っているところもよく見かけるようになった。

　著者の1人である亀田がハンガリーに行ったときのことである。ブダペスト郊外のレストランへ入り，食事の始まる前にトイレへ行った。ところが2つのドアにはNとFの頭文字しか記されていない。ドイツ語であれば，DがDamenの略であり女性用，そしてHがHerrenの略で男性用であることを知っていたが，ハンガリー語は分からない。あわててテーブルへ戻り，同席していたハンガリー人の友人にどちらが男性用のトイレなのかを聞いた。ハンガリー語では，LadiesをNoiあるいはHolgyekといい，ふつうはNで表し，GentsをFerfiあるいはUrakといい，ふつうはFで書き表すと教えてもらい，安心してトイレへ戻り正しい方のドアを開けたのである。

　トイレのドアの記号は，実に様々であり，中にはその土地の文化や言語が分からなければ，理解できないものもある。グローバル化時代の今日であれば，外国人旅行者が旅先で困らないようにするためには，トイレのマークも交通信号のように統一した規則を作る必要が出てくるかもしれない。

小括

　次節に入る前に，ここで第1節のまとめをしておきたい。これまで挙げてきた虹の数，月の影，そして日章旗の話には1つの共通項がある。それは何であろうか。誰も虹の数を数えたことがないのに，「虹の数はいくつ？」という質問に鸚鵡返しに「7色」，「6色」あるいは「5色」と答えるのはなぜだろうか。月の影も，民族が異なると，それぞれの人々がまったく別のものとして見て，そう信じているのはなぜだろうか。あるいは，私たちであれば喜びに涙さえする日章旗を，別の人間は，それを見て心臓が痛くなり，恐いと思うのはなぜで

あろうか。これらの問いに対する答えは1つである。

　いずれの場合にも、「そのように教わってきたから」というのがその答えである。虹の数では、日本人は誰でも虹の数を問われれば即座に7色と答えるのは、それが7だといつか小さいときに教わったからだ、と鈴木が述べている[17]。月影では、ケニヤからの留学生が、「自分は象がいると教えられ育った」と答えている[18]。

　日章旗の問題では、引用した沖縄出身の学生がそのレポートの中で、さらに続けて、「毎年ある平和のための教育（沖縄戦について学ぶ）によって、沖縄は本土から区別され、差別されてきたのだと考えるようになり、自分が日本人というよりは沖縄人であると思うようになった。（中略）この出来事で教育がそれを受ける人に与える影響力というのが、私が想像していた以上に強大であることに気づき、恐ろしくなった。教育は、確実にそれを受ける者に影響を与える。心の奥底まで支配できる力を持っている」と述べている[19]。

　その教育に関してであるが、虹に関する説明のところで紹介した「人間がさまざまな事象を知覚、認知および意味づけをするときには、文化の一部としての言語の影響を受けると考えられる」[20]という主張を思い起こしたい。たとえば、虹の色も日本の辞典や事典が虹の色は7色であると定義づけ、日本人は虹の色を7色に識別するよう条件づけているというのである。確かに、虹の色を実際に数えたこともないのに、日本人が「虹の色はいくつか」という質問に鸚鵡返しに「7色である」と答えるのは、小さい頃からそのように教わってきたからである。

　大切なことは、それが言語を通して教わってきたという事実である。虹の色の数を、プリズムを使って科学的に明らかにしたニュートンの理論や、実験、また色の原理などについて一切触れることもなく、単純に「虹の色は7色である」と言葉によってのみ教えられてきたというのが実際であろう。

　同じことは、月の影についてもいえる。「自分は象がいると教えられ育った」というケニヤ人の留学生の説明にあったように、それは言葉を通して教わってきたのである。ある文化圏の中で、このように過去に言葉によって刷り込まれ、そして現在もそのように思っている各人の心のありようを変えることは不可能に近い。あるモノやある事実をどのように観るかは、それぞれの文化圏の

中で言葉によって教わり，そこから獲得した認識や心によって形作られたイメージ（心象）[21]に大きく影響されるものである。

　人は誰も，事実をそのままの姿として観るのではない。多くの人は，自己の経験，偏見，価値観，感情，態度などによって作られた色眼鏡をかけてある事実を見てしまう。色のついたレンズを通して目にする「事実」からあるイメージを作り出し，そのイメージをあたかも事実のように思ってしまうのである。こうした偏見のゆえに，同じ事実（月の影や虹）が文化や言語が違うと，まったく異なったものとして見えるのであり，それがお互いの誤解を生むことになるのである。

　前節では，熱砂の中で灼熱の太陽に苦しめられ，それゆえに太陽を忌み嫌うアラブの民たちやイスラムの人々には，月こそ美であり，救いであり希望だという月への憧憬があると学んだ。それゆえに，9ヵ国[22]の国旗には三日月（新月）が使用されているというのが鈴木の示す理由であった。しかし，これら9ヵ国にはシンガポールやマレーシアのように熱砂の砂漠などないところが含まれている。少なくともこれら2つの複合民族国家においては太陽をアラブの民のように忌み嫌っているわけではない。

　それにもかかわらず，三日月（新月）を自分たちの国旗にしたのは，まさに言葉の独り歩きに近いものではないだろうか。つまり，同国内での太陽のイメージという実態とはかけ離れて，小さいときから言葉によってそのように教わってきた一部のイスラム教徒たちの声が，それぞれの国旗を考案するもとになったと想像できる。

　次に，交通信号の話とトイレのマークでは共通項とともに，その間には大きな違いがあることも分かった。まず共通項であるが，交通信号もトイレも，その指示概念や指示物（進め，注意，止まれ，という意味，そして男子用トイレまた女性用トイレという実態）を表すのに片や色という記号を用い，片や文字あるいはその他の記号を用いていることである。

　両者の違いは何かというと，それは片や全般的取り決め（一般的合意）が成立していることであり，片やそのような全般的取り決め（一般的合意）が存在していない，ということである。そのような取り決め，合意のための規則があるかないかによって異文化の社会で生活する人間には大きな影響を与えること

になる。次節ではそのあたりのことについて考察していこう。

Ⅱ　文化により異なる記号や符号などのコード

　本章で扱っている主題は異文化圏にまたがるグローバルビジネスの場における記号としての言語である。いわば，グローバルビジネス記号論と呼称することも可能かと思う。記号論的な考え方の中で重要な意味合いを持つ言葉に「コード」という用語がある。コードという用語が持つ概念は法律の体系に近いものであり，ナポレオン法典と訳されるナポレオン・コード（*Code Napoléon*）は，1804年ナポレオン1世により公布され，1807年に正式にこの名称に改められたフランスの民法典のことである。

　コードという用語を含み，UCCと省略されることも多い米国統一商事法典（Uniform Commercial Code）は，米国の商事取引の「始めから終わりまでの間に通常生じる一切の局面」を規制するもので，現在米国の50の法域のうちルイジアナ州（同州でも一部を採用している）を除く49の法域で，若干の修正をした上で採用されている大法典である[23]。

　ただし，単にコードといった場合には，法律や規則と言う場合よりも，意味の拡がりがあるようだ。ゲームあるいはスポーツには規則書があるし，社会には法律や規則がある。ただ，コードという場合には，クラブや社会に所属する全員が何となくわかっているのだけれども，別に法規というはっきりした形にはなっていない，というあたりのものをも含んでいる。いわば文化的な現象の法則性のようなものまで指すことができる用語として，コードという言葉が使われているようである[24]。

　この「法規というはっきりした形にはなっていない」という部分が，「法制化されてはいなかった日の丸を国旗というのは国民的確信であるという〔日本〕政府の見解」を指し，それが「全般的取り決め（一般的合意）」を表すものであるということが分かる。つまり，コードとはそのような全般的取り決めのことであるといえる。

　池上によれば，「もし伝達の目的を正確に達成しようとするならば，メッ

第2章 グローバルビジネス英語の問題点

図 2-1

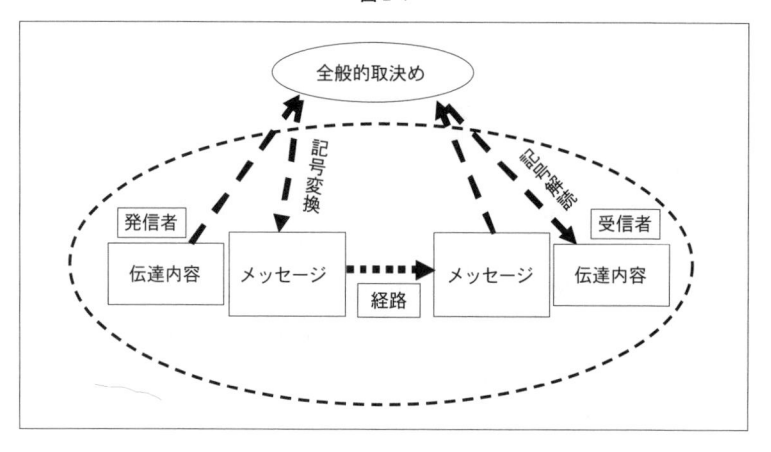

（図：発信者→伝達内容→メッセージ→経路→メッセージ→伝達内容→受信者、上部に「全般的取決め」、「記号変換」「記号解読」の矢印）

セージを構成する記号とその意味は発信者が恣意的に定めるのではなくて，受信者との共通の理解に基づいた決まりに従っていなくてはならない。そのような決まりが『コード』と呼ばれるものである。『コード』には，おおまかに言って，伝達において用いられる記号とその意味，および記号の結合の仕方についての規定（言語の場合の『辞書』と『文法』に相当するもの）が含まれる。

　発信者はコードを参照しながら伝達内容を『記号化』してメッセージを作る。メッセージは何らかの『経路』を通って受信者に届く。受信者は受け取ったメッセージを，コードを参照しながら『解読』して，伝達内容を再構成する」[25]ことになるという。今このプロセスを図解するとなると図2-1のようになるであろう。ただし，ここではコードの代わりに，前述したように全般的取り決めとした[26]。

　以上のコードの説明から，交通信号には世界で共通のコードがあり，トイレのマークや文字にはそうしたコードが存在しないということ，そしてコードあるいは全般的取り決め（一般的合意）の欠如，あるいはまたそのズレが誤解の原因となるということが理解できるであろう。次にそのあたりのことについて詳しく述べていきたい。

1. 交通信号が世界中で通用する理由とコード

　交通信号が世界のどこにいっても赤色が止まれ，緑色が進め，そして黄色が注意，という意味であると記号解読されるためには，それなりのコードがなければならないというのは説明を俟たないであろう。それでは，いったいどこに，どのようにしてそのようなコードは存在しているのであろうか。

　そのコードは，オーストリアのウイーンに本部を置く非営利団体である国際照明委員会（Commission Internationale de l'Eclairage）が定めている規則である。同機関の日本委員会の「国際照明委員会（CIE）定款（日本語訳）」によれば，国際照明委員会の目的は以下の通りである[27]。

　　4.1. 光と照明の分野における科学，技術及び工芸に関するあらゆる事項についての討論とこれらの分野についての国家間の情報交換を行なうための国際的討議の場を提供すること。これらの目的を達成するために，CIEは科学的，教育的行事を計画し，通常4年に1回CIE大会を開催すること。

　　4.2. 光と照明の分野における基礎標準と計量の手法とを開発すること。

　　4.3. 光と照明の分野における国際および国家標準を作成する場合の原理と手法との応用について指針を提供すること。

　　4.4. 光と照明の分野における科学，技術及び工芸に関するあらゆる事項についての会報，標準，技術報告，その他の文書を作成し，出版すること。

　　4.5. 光と照明の分野における科学，技術，標準および工芸に関する事項についての他の国際団体との連携および技術的交流を行なうこと。

　ここで，光と照明とは，広義のもので，視覚，測光，測色のような基礎的問題から，紫外，赤外にわたる自然及び人工の放射，さらに屋内，屋外での光の利用に，環境や美的効果も含めた応用の問題，また，光と放射の発生と制御の方法にまでわたるものとする。

この現存する国際照明委員会の規則がコードとなり，そのコードにより赤，緑，黄色という3色の記号とその指示概念（止まれ，進め，注意）とを結びつける全般的取り決め（一般的合意）が全世界の人々（少なくともクルマを運転し，道を歩く人々）に共有されているのである。また，その規則が各国の交通安全に関する国内法規の中に取り入れられ，その規則に違反すれば罰せられるという，より拘束力の強い法律として機能するようになっている。

2. インコタームズと改正米国貿易定義の FOB

グローバルビジネスの世界では多くの貿易取引条件が存在し，売主と買主双方の権利と義務を明記した複雑な取引内容を表すための諸種の略語が使用されていることは周知の事実であろう。たとえば，輸出者である売主は自己の費用と責任で輸出港における本船の甲板まで約定品を運ばなければならず，買主である輸入者は同港から輸入港までの運賃と海上保険料を負担しなければならない，という取引条件の場合には，Free on Board（輸出港本船渡し）という用語が使用される。もしその輸出港が神戸であるならば，その略語である FOB Kobe と表し，この2語だけで今述べた以外の条件も含み，すべての売主と買主双方の権利と義務を表すことが可能である。

なぜこのようなことが可能かといえば，それはパリにある国際商業会議所が制定している商業規則であるインコタームズがコードとしての働きを果たしているからであり，グローバルビジネスの世界では売主買主双方に対する強い拘束力を持っているからである。そのインコタームズは正しくは，International Rules for the Interpretation of Trade Terms（貿易条件の解釈に関する国際規則）といい，その英文名 Incoterms は，International の In と Commerce（Trade と同義語）の Co という両語の後に条件あるいは用語を意味する Terms をつけたものである。それまでのグローバルビジネス，とくに貿易取引の際に用いられることの多かった各種の取引条件について，統一的な解釈が行えるようにするためパリにある国際商業会議所によって 1936 年に制定された国際規則である。爾来社会情勢や貿易取引，とくに運送手段，などの環境変化に応じて何度も改正され今日に至っているが，その最新版は 2010 年版である。

II 文化により異なる記号や符号などのコード　41

　このようにインコタームズはグローバルビジネスという場の中において，その名のとおり規則として立派にその務めを果たしてきている。貿易の専門家である商社や大手メーカーの海外部，またその相手方である輸入専門業者や海外子会社によって使用されていた時代には，そのコード性はかなり堅固なものであり誤解が起きることも少なかった。しかし，昨今の各国における貿易管理上の規制緩和あるいは規制撤廃なども影響して，グローバルビジネスの場にいわゆる「貿易の素人」が参加できるような環境になってくると，そのコード性に対する信頼も多少揺るぎ始めているように思う。インコタームズの用語を自分に都合のよいように解釈するような貿易人たちが昨今増加してきているためといえる。

　たとえば，インコタームズのCIF条件は，Cost, Insurance, and Freightの頭文字をとったものであり，その名のとおり，「運賃保険料込み価格」であるが，売主の義務と責任自体は，既述したFOBと同じように輸出港における本船の甲板までである[28]。契約販売価格には運賃と保険料が入っているが，それは買主のために売主がそれらの費用を支払ってあり，買主はそれらを支払わないで済む，という取引条件である。従って，売主には輸入港までの運送という義務はない。

　ところが，このCIFの誤用，すなわち，「我々（輸入業者）はCIF契約で輸入する契約を締結したのであるから，売主は当然のこととして輸入港まで貨物を運送する義務がある」と主張するバイヤーがとくに中国や香港で，増加していると報告されることがある。この理由として考えられる理由は次のような中国における事情によるものではないかと想像できる。これはいったい何を意味しているかということは，次の図2-2から説明できる。

　すなわち，売主である発信者は，インコタームズというコードを参照し，「運賃と海上保険料は価格の中に組み入れるが，約定品の引渡し責任は輸出港に停泊している本船の甲板までである」という自分の伝達内容をうまく表す「運賃保険料込み価格」という取引条件を参照の上，それをCIFという記号に変換し，買主である受信者に伝えたのであった。しかし，その受信者は，インコタームズの存在を知っていたか，知っていなかったかは別としても，そのCIFという記号を自分自身で作り上げたコードを参照し「運賃と海上保険料を

図 2-2

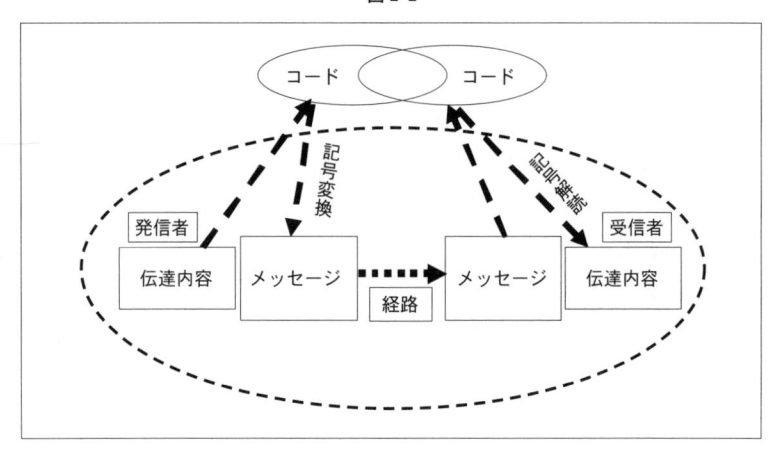

売主が払うのであるから，当然その貨物の運送責任は売主にあるはずだ」と自分勝手に解釈してしまうのである。次の説明がこの間の事情を物語っている。

「中国では F.O.B. 契約と同様に，C.I.F. 契約に関する公的解釈も存在していない。現在，C.I.F. は「コスト，保険料プラス運賃」と訳し，英国と同じく積地契約であると解されている。しかし，90 年代の初期まで C.I.F. 条件はずっと『到岸価格（揚地価格）』と訳され，C.I.F. 契約は揚地売買と解された。これは，C.I.F. New York という価格の中で New York が仕向港を表すためであった。そして，司法実務においても，C.I.F. 契約は『揚地契約』と誤解されていた」[29]。

すなわち，買主は CIF という記号を誤解して，「運賃と海上保険料を売主が払うの」であるから，当然その貨物の運送責任は売主にある。したがって，「売主は当然のこととして輸入港まで貨物を運送する義務がある」と自分勝手に解釈してしまうのであろう。

この事例は，インコタームズという 1 つのコードの存在を知っているか，知っていないかという問題，またはそのコードの位置的なずれの問題として考えることができる。しかし，時には，似たような 2 つのコードが存在し，そのために誤解が生じてしまうということもありえる。次の事例で考えてみよう。

ジェトロ（日本貿易振興機構）への貿易・投資相談 Q&A にある質問が掲載

されていた[30]。「日本への輸入に関する相手国の制度など」と分類されている項目にあった「米国との取引条件 FOB についての解釈の違いについて」というもので，次のようになっている。「米国の企業と FOB NEW YORK で輸入商談を進めていますが，どうも話が噛み合いません。取引条件の解釈が両者の間で相違しているように思えます。このような場合どうしたらよいでしょう」。

それに対してジェトロの担当者は，「米国の企業と FOB NEW YORK 条件で輸入商談を進める上で，話が噛み合わない原因は，両当事者による貿易条件の解釈の違いにあると思われます。日本では，貿易条件として『インコタームズ 2000 (Incoterms 2000)』を使用することが一般的で，この『インコタームズ 2000』では，1 種類の FOB 条件が定められています。他方，米国では，貿易条件として『1941 年改正米国貿易定義』が慣用され，その中では 6 種類の FOB 条件が定義されています」と答えている。

よくいわれる後者の FOB VESSEL NEW YORK が前者の FOB である，というのも実際には正確ではなく，輸出のための手続きや費用の支払いは実際には輸入者の義務である。本章では詳述しないが，インコタームズの FOB NEW YORK と改正米国貿易定義の FOB NEW YORK では，売主買主双方

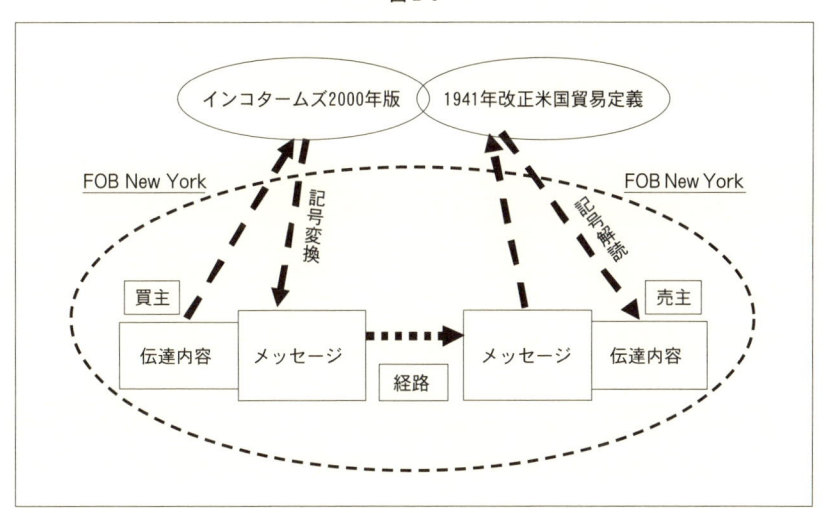

図 2-3

の責任と義務はかなり異なっている。

　すなわち，上記のケースは，『インコタームズ2000』と『1941年改正米国貿易定義』という2種類の異なるコードが存在し，その中にFOBという同一の記号が存在しているために起きる問題だといえる。このことを図解すると図2-3のようになる。

III　英語と異文化ビジネスコミュニケーション

　最近では英語が国際語であるとか，世界の共通語であるとかいわれ，誰もが，英語が話せれば世界の人々とコミュニケーションが可能であると信じているような風潮がみられる。英会話学校や英語検定試験機関などもこの風潮をあおるような宣伝をしている。確かに，かつては7つの海を支配し，世界に70ヵ国（第二次世界大戦後に独立した国を基準として数えた場合）を優に超える植民地を持ち「日の没せぬ帝国」と称された大英帝国や，20世紀以降の世界経済の中心地である米国の影響を考えれば，英語が世界の共通言語としての確固たる地位を築き上げたということは事実であろう。

　世界の75ヵ国で英語が第一言語あるいは第二言語として使用され，それらの国々の総人口は，世界総人口の3分の1になるともいわれている[31]。ただし，実際に英語を使用する人口はそれよりも少なくて，ネイティブとネイティブなみの話者の数は6億7千万人，「そこそこの話し手」を加えると18億人，その中をとって12億人から15億人が世界中で実際に英語を使っている人間の数であろうと英国の言語学者であるクリスタルは計算している[32]。

1. 国際語としての英語とコミュニケーション・ギャップ

　これらの英語の話者人口を考えれば，確かに英語が国際語としてどこへ行っても通用する言語であるとの考え方が出てくるのも当然といえるだろう。しかし，著者たちは英語ができれば世界の人々とのコミュニケーションが可能であるとか，容易になるとかいう主張に与しない。反対に，そのようなことはありえないと主張したい。その理由はこれまでも見てきたように，世界の人々との

コミュニケーションで難しいのは言語ではなく言語を超えたところに存在する文化の違い，氷山のたとえでいえば，水面下にある概念の違いだからである。いわゆるコミュニケーション・ギャップの問題は，英語ができれば解決できるというような簡単な問題ではない。

コミュニケーション・ギャップとは，「発信されたメッセージが受信されたメッセージにならない（A message sent is not a message received.)」ということである。つまり，異文化圏に居住する者同士の間では，これまで述べてきたように，自分が発信した自国語あるいは外国語によるメッセージが，自分の意図したこととはまったく異なって相手に理解されてしまう，あるいは自分が意図したことが相手に通じないということである。多くの場合に，このような状態にあるときを指して，コミュニケーション・ギャップと呼んでいる。

この現象をよく観察してみると，そこには異文化間にまたがる「言葉」の問題と「コミュニケーションスタイル」の問題という2つの異なる問題領域が見えてくる。外国人との間で起こりえるコミュニケーション・ギャップの問題は，単に単語としての言葉が原因となるばかりではなく，言葉の単位を超えたメッセージ単位で発生する異文化間での「ものの考え方」や「ものの見方」の違いに起因するものが多いらしいということも前節までの考察からも明らかになった。

著者たちは，これまで何回か，日本人ビジネスパーソンと外国人ビジネスパーソンとのコミュニケーションにおける問題を調査してきたが，実際に言葉の「意味の取り違え」は多く発生している。たとえば，「そのうちに（soon）」が日本語では多くの場合に否定を表し，「考えておきます（I will consider)」が「興味がありません」であったりとか，「多分（maybe）」が英語では yes だが，日本語では no であったりする，という類の問題である。これらの問題は，一般意味論の命題のとおり「言葉には意味がない」や「ヒトが言葉に意味を与えるのである」という主張を私たちに思い起こさせてくれるが，また同時に他の面では，文化的な問題であるともいえる。

そのような調査の1つに2004年の春に実施した在米日系企業のビジネスコミュニケーションの実態調査があるが，その結果を一部紹介しよう。同調査の中で，日本人マネージャーに「現地人の部下や取引先とのコミュニケーション

で困ったことがあるか」と質問したところ，回答者の88%（N=61）が「ある」と答え，困ったことがあるという回答者（N=54）にその理由を聞いてみたところ，「英語」が31%，「異文化による考え方の違い」が同じく31%，そして「異なるビジネス慣習」が20%という回答であった[33]。

英語で困ったことがあるという回答と，異文化による考え方の違いで困ったことがあるという回答が同率の結果であったことに着目すべきであると思う。この調査結果も，「英語とコミュニケーションは2つの別のもの」という著者たちの主張が正しいことを物語るものであるといえよう。次項では，具体的にどのような英語が問題になるのかをみていくことにしたい。

2. 国際共通語としての英語の落とし穴

前言してきたように，コミュニケーションは単なる言語の伝達だけを意味するものではない。コミュニケーションの定義は数多くあるが，池上によるそれは簡潔なうちにもコミュニケーションの意義をよく表している。池上は，「つまり，コミュニケーションとは，言うならば，自分が頭の中に抱いている＜抽象的＞な広義の思考内容のコピーを相手の頭の中にも創り出す行為であると言える」[34]といっている。従って，もし私たちが相手の心や頭の中にそのコピーを創り出すことができなかったときには，コミュニケーションの中断や，誤解などのミス・コミュニケーションが起きることになる。

以下では，文化を異にする人々が共通語としての英語を使用することによって生じるミス・コミュニケーション（コミュニケーションの中断）の実態をみていくことにしよう。

(1) 言語表現の違い

異文化トレーニングの専門家である八代たちは，その啓蒙的な著書である『異文化トレーニング―ボーダレス社会を生きる』の中で，「英語で文化と言語の壁を越えてコミュニケーションできることはすばらしい。しかし，英語が共通語であるということは必ずしも共通理解を得るのがやさしくなったということではない。（中略）英語を使っているから分かりあえたと思っていると意味解釈が異なっていたとか，ニュアンスが異なっていたとか後で発見して，あわてることになる。共通語を使用しているという安心感から油断して，解釈の

違いに気付くのが遅れてしまうのである」と述べて，いくつかの実例を挙げている[35]。

ここでは，八代たちが一部のみに英語を使用して説明しているところを3つの英文として新たに創作の上，以下のようにまとめてみた。

(1) You should report the result of your research to Mr. Toyota.
(2) Please tell Mr. Honda to call me up by two o'clock.
(3) You had better talk this matter over with Mr. Suzuki soon.

最初の英文は，外国人上司が日本人の部下に対し，軽い提案のつもりで発した英語である。それに対し「日本人は，この英語を強い命令の意味で受取るようで過剰な反応が返ってくる」と，日本人の部下と電子メールで連絡しあっている外国人上司が述べている。日本人はshouldを辞書の最初にある定義である「～すべきである」というような強い調子にとってしまうところから起きる誤解であるといえよう。

次は，このような英文を書き，ずいぶん命令口調だと後で外国人の同僚に指摘されたという日本人の報告である。日本人は，pleaseを使ったのであるから「～してください」と丁寧にお願いしたつもりであろうが，このような場合にはtellではなく，askを使うのがふつうであるというのがその外国人のコメントであった。

3つ目の英文の問題はhad betterであり，"You had better …"は英語を母国語とする人々にはほとんど脅しに近いニュアンスで受取られるようであるという。それを日本人は一般的に「何々した方がよろしいのではないでしょうか」という丁寧な提案のように使っている。

このように「同じ英語を使っていても，使う人の文化背景が違うと言葉の意味が異なることがある。場面状況に応じた用法も違う場合がある」[36]ので異文化間のコミュニケーションにおいては，「相手にとって失礼な文や，理解が困難な文を送ってしまう可能性が常にある。したがって，英語でコミュニケートしていても，常に自分の発信内容と相手の返答内容を点検する感受性の鋭さと共通の意味を形成できるまでコミュニケーションを継続する忍耐強さが要求さ

れる」[37]というが,まさに,八代たちが主張するとおりである。

(2) 言語スタイルの違い

日本人は一般的に「一を聞いて十を知る」という格言のとおり,曖昧なことしかいわず,説明しかせず,さらに一部しかいわない相手のいうことを推し量り,相手の言いたいことを理解することをコミュニケーションの美学のように思っているところがある。全てのことを口に出してしまうのは思慮が足りないなどともいわれ,批判されたりする。そのような事例は枚挙にいとまがないが,そのような表現をそのまま英語に翻訳して外国人に伝えても,相手は,それを日本人のように忖度してくれたり,推察してくれたりはしない。

日本語は,結論を先にして,しかも必要に応じてその理由をいう,という論理からなる英語とは異なっているという点をよく理解し,言語スタイルを変えて,英語らしい表現にしていかなければならない。以下に具体的な例を挙げてみよう。

国際電話のかけ方というパンフレットの中に「使われなかったコインおよびテレフォンカードは戻ります」とあり,そこに Your remaining coins or telephone card will be returned.という英文が添えられていたという。そのことを紹介している伊藤は,このような英語はナンセンスであり,もしコインやテレフォンカードを忘れる人が多いので,注意を喚起したいというのであれば,英語では Don't forget to take your remaining coins or telephone card.としなければならないと述べている[38]。伊藤のいうとおりであり,彼は見事に,説明だけして結論を述べていない日本語的発想の英文を結論先型で行動優先型の英文に変換している。

(3) 文化的背景の違い

今から20年も前のことであるが,英字新聞の *The Yomiuri* に次のような記事が出ていた。…the high school textbooks are scheduled to go into use next April, when the school year begins. グローバルコミュニケーションの立場からいえば,この一文は感動的であるとさえいえる。なぜかといえば,同紙を読むであろうと推定される外国人の多くは,日本では4月が新入学や新学期の月であるという事実を知らないであろう,と相手を慮り,相手のことを忖度し,わざわざ(日本では)4月が新学年また新学期であるという文

化事情を補足説明しているからである。

　米国の新学期は9月である。シンガポールでは卒業式（英国系の諸国や欧州の多くの国々では，米国や日本と違って「卒業式」とはいわないが）も，その数日後にある入学式も8月に行われる。その当時のユネスコによる統計では，9月入学は欧米を中心に92ヵ国，10月入学が29ヵ国，4月入学は日本など9ヵ国だといわれていた[39]。この記事を書いた記者のように，*The Yomiuri* 紙の読者はこのような国々から来ているはずだと思う気持ちが肝心なのである。

　相手の立場になりきってものを見て，考える，そしてそれを言葉にして表すという態度は英語という共通語を使用して行う異文化コミュニケーションを成功させるために最も重要な心構えであると思う。そのためには「自分の知っていることを，相手はもしかしたら知らないかもしれない」と思い，自分の発言や陳述に説明をしたり，自分の意見を添えたりすることを実践すべきである。

　1メートルや1キロメートル，100グラムや1キログラム，また1リットルを知らない米国人は驚くほど多くいる。異常ともいえる日本の土地の高さや住宅環境の悪さを知らない外国人も多くいる。それらの度量衡や状況などについて触れるときには，「相手は自分とは同じように知っていないかもしれない」とまず思い，それを説明するように心がけることが大事である。

3. 状況改善への提案

　以上から，ますますグローバル化をはかっていかなければならない日系企業の経営者やそこで働くグローバルマネージャーたちに対して，現在の状況を改善するための提言をしたい。それは簡単にいえば，(1) 相手の立場に立つ，(2) サングラスを外す，そして (3) 人間関係を大事にする，の3点を実践することに尽きるであろう。

(1) 相手の立場に立つ

　これまでみてきたように，たとえ共通語である国際英語を使用しても異文化に生きる人々とのコミュニケーションは難しいものである。それを容易にすることは，ただ単に英語の能力に秀でるだけで達成できるものではない。そのような相手に何かを述べるときには，できるかぎり相手の立場に近づくように努力し，相手の立場からものを見てみる，このように言っただけで分かるかな，

分からないかな，と思い，もし後者であろうと判断したならば，できるかぎり多くの補足説明と自分なりの意見を加えるように努力すべきである。

(2) サングラスを外す

上述したように相手の立場に立つということは，一度自分の文化にどっぷりつかっている自分を眺めなおしてみる，そしてそこから自分の固定観念や偏見を取り去るように努力することによって可能となる。すなわち，自分が今までかけていた日本人としての，そして特定企業の企業人としての色眼鏡をいったん外してみることが必要となる。あるいはまた，外国に長年駐在している日本人マネージャーであればできることだが，自分のサングラスを外し，あえて相手のかけているサングラスをかけてみて，外界を眺めてみることである。

(3) 人間関係を大事にする

英語という共通語による異文化コミュニケーションを成功させるために大切なことはコミュニケーションの相手との人間関係を深めることである。それはなぜかといえば，人間関係の深まりとともに，その間で使用される共通語に対する理解力が一層高まるからである。あのエジソンが，自分の会社で働く研究員たちをよく自宅に招待し夕食をともにすることで言葉の共通化をはかったというエピソードがある。次々に新しい発明を行うためには，1つひとつの言葉をきっちり定義し，共有化していかないと複数の人間の思いはバラバラになってしまう[40]，という発想からの行動であったという。

外国人と取引を行い，外国人の従業員を管理して諸種の業務を全うしていかなければならないグローバルマネージャーたちにとって一番重要なことは，彼らとのコミュニケーションをスムーズなものにすることである。そのためには，一般意味論の「言葉には意味がない。言葉の意味は人にある」という命題を思い出し，人間関係を深めていくことにより，自分のいわんとすることを相手によく分かってもらい，また自分も相手のいうことをよく分かるという状況を創り出していくように努力をすべきである。

注

1 ウォーマック，T.・三浦新市 (1996)『現代英文の構成と語法』研究社出版，3ページ。本書は脚注の日本語による解説を除き全文英語で書かれているが，当該部分の原文は以下の通りである。People communicate by using symbols. A symbol may be a word (spoken or written), a musical note, a gesture (the policeman directing traffic), a color (*red* for *danger* or *stop*),

or any other symbol that *by general agreement* stands for something we want to communicate. *By agreement* suggests that communication is a two-way process, one that requires the cooperation and attention of the person or persons being communicated with. The idea or thing the symbol stands for is called the *referent*. When the receiver of the communication does not correctly relate the communicator's symbols to their referents, poor communication results.

2　『広辞苑』第5版、「青山」の項。
3　Kameda, N. (1996), *Business Communication toward Transnationalism: The Significance of Cross-Cultural Business English and Its Role*, Kindai Bungeisha, pp.62-63.
4　*KAMUS INDONESIA-INGRISS* [Indonesian-English Dictionary], *s.v.* "*besok*."
5　鈴木孝夫 (1999)『日本語と外国語』岩波書店、60-104ページ。
6　吉田禎吾「諸民族の虹認識」『日本大百科全書』小学館、「虹」の項。
7　同地からの留学生による（同志社大学で亀田が聴取、2013年5月）。
8　Farb, Peter (2003), *Word Play: What Happens When People Talk*, Vintage Books, Reprint Edition, 2003. 虹の色については同書の172-175ページに詳しい。
9　古田暁 監修、石井敏・岡部朗一・久米昭元 (2004)『異文化コミュニケーション』第2版、有斐閣、87-88ページ。
10　『朝日新聞』1990年3月23日、及びその他の資料による。
11　ウォーマック・三浦、前掲書、3ページの脚注。
12　鈴木、前掲書、48ページ。
13　同書、49ページ。
14　*Oxford Dictionary of ENGLISH* 2e. s.v. crescent.
15　『日本経済新聞』2007年1月15日。
16　亀田尚己 (2003)『国際ビジネスコミュニケーションの研究』文眞堂、62-63ページ。
17　鈴木、前掲書、64ページ。
18　日本民話の会、外国民話研究会編 (1997)『太陽と月と星の民話』三弥井書店、106-107ページ。
19　2004年に亀田が担当した「グローバルビジネスコミュニケーション」の講義における提出レポートからの抜粋。
20　古田他、前掲書、87-88ページ。
21　心理学用語で、意識に浮かんだ姿や像のこと。
22　シンガポール、マレーシア、コモロ、トルコ、モルジブ、モーリタニア、パキスタン、アルジェリア、チュニジア、の9ヵ国である。
23　『新法律学辞典』第3版、有斐閣、「アメリカ統一商法典」の項。
24　佐藤信夫 (1993)『レトリックの記号論』講談社、11-12ページ。
25　池上嘉彦 (1992)『記号論への招待』岩波書店、39ページ。
26　同書同ページにある池上作成の図を語句を変えたり削除したりして作成した。
27　http://homepage2.nifty.com/ciejapan/kitei/CIEteika.htm　2007年1月25日検索。
28　同2000年版では、この部分は「本船の手すり」までであった。
29　韓堅放 (2003)『中国貿易取引法の現状と課題―主として中国法を英米法と比較して―』東京布井出版、141ページ。
30　http://www.jetro.go.jp/biz/world/n_america/us/qa_02/04A-010926　巻末に下記の付記がある。参照資料：インコタームズ2000, 1941年改正米国貿易定義、調査時点：2005/01, 2007年1月25日検索。
31　Crystal, D. (1997), *English as a global language*, Cambridge, Cambridge University Press,

p.60.
32　*Ibid.*, p.61.
33　亀田尚己（2005）「在米日系企業のビジネスコミュニケーション─日本人マネージャーの視点からみたその実態と課題─」『ワールドワイドビジネスレビュー』第6巻第1号，47ページ。
34　池上，前掲書，37ページ。
35　八代京子・町恵理子・小池浩子・磯貝友子（2006）『異文化トレーニング─ボーダレス社会を生きる』三修社，14-15ページ。
36　同書，15ページ。
37　同書，15ページ。
38　ケリー伊藤（1987）『キミの英語じゃ通じない』バベル・プレス，112-113ページ。
39　『朝日新聞』1992年4月1日。
40　福島正伸（1996）『何もないから成功するんだ』金融財政事情研究会，41ページ。

第3章
グローバルビジネス英語コミュニケーション

　ヘロドトスは，その著『歴史』(HISTORIAE, Herodotus) の中で次のような話を紹介している[1]。

　「(前略) あるリビア人の住む国があり，カルタゴ人はこの国に着いて積荷をおろすと，これを波打際に並べて船に帰り，狼煙をあげる。土地の住民は煙を見ると海岸へきて，商品の代金として黄金を置き，それから商品の並べてある場所から遠くへさがる。するとカルタゴ人は下船してそれを調べ，黄金の額が商品の価値に釣合うと見れば，黄金を取って立ち去る。釣合わぬ時には，再び乗船して待機していると，住民が寄ってきて黄金を追加し，カルタゴ人が納得するまでこういうことを続ける。双方とも相手に不正なことは決して行なわず，カルタゴ人は黄金の額が商品の価値に等しくなるまでは，黄金に手を触れず，住民もカルタゴ人が黄金を取るまでは，商品に手をつけない，という」。

　古代における未開の地で，お互いの言語も当然に異なり言語による交換が不可能であった異民族間の取引は，このようなサイレント・トレード (silent trade, 無言貿易, 沈黙貿易) が主要なものであったろうと容易に想像できる。狼煙を上げる行為や，無言で引き下がる行為，そしてその後何回か繰り返される同様な行為，黄金の額が商品の価値に等しくなったと売り手が判断しその黄金に手を触れる行為，それら一連の行為は現代の貿易取引におけるオファー (offer, 取引の申込み)，カウンターオファー (counter offer, 反対申込み)，そしてアクセプタンス (acceptance, 承諾) に等しい，もしくは近いものである。

　これら一連の行為とその結果（たとえば，狼煙を上げる行為とその結果空に立ち上る狼煙や，商品の並んでいる岸辺に黄金を置く行為とその黄金そのものやその額，黙って立ち去る行為や，黄金を取り上げる行為など）を取引成立の

ために交換される記号と考え，それらを商学的記号と呼ぶことは可能であろう。記号とは，簡単にいえば，あるものを代表する働きをもつものであるといえる。

あるものとその記号の関係が成立するためには，「記号」（記号媒体）そのものと，その記号がさすもの，すなわち「指示物」（指示対象），その記号を記号と認める主体，すなわち「解釈者」という3者が必要になる。そして，解釈過程の結果，見いだされたもの，言いかえれば，指示物が記号との関係においてもつ性質が，その記号の「意味」（解釈項）ということになる。この分析によれば，記号場を構成するに必要な要因は，記号・指示物・解釈者・意味の4者ということになる[2]。

I　グローバルビジネス英語の使用者と言語

1. 商学的記号としてのグローバルビジネス英語

上記の記号とその要素各々の関係に「商学的」という修飾語を付す理由は，人・物・金・情報・技術など財の交換（取引を含む）を商学の基本概念としてとらえ，その交換という行為にかかわる記号の働きを考えようとするからである。上記の「狼煙」を商学的記号として考えてみよう。これまでの説明から，この狼煙が記号媒体であることは明白である。その指示対象は「カルタゴ人が（交換をしたいという意思をもって）波打際においた珍貨，あるいはその行為と事実」であり，解釈者はリビア人，解釈者への効果であるところの解釈項は「（経験からして，これまでもそうであったように）カルタゴ人が，積荷を運んできて岸辺に置いたから，彼らとの取引交渉開始の準備をしようとする反応」であるといえよう。

そのように交換という名の取引において，人間の意思（何かを欲しい）を表し，相手に伝える（売りたい，買いたい）もの，すなわち意思表示の道具を商学的記号と呼ぶことが許されるならば，未開の時代あるいは地における狼煙や太鼓だけではなく，現代のグローバルビジネスに用いられるビジネス英語も，立派に商学的記号であるといえるであろう。

2. グローバルビジネス英語の定義

　本書のなかで用いるグローバルビジネス英語（English as Global Business Language）とは何か，その意味をまず明らかにしておきたい。グローバルビジネス英語とは，グローバルビジネスの場において，1つの目的を達成するための意思伝達に用いられる英語を意味する。この英語を駆使して行われるビジネスマン相互の意思伝達がグローバルビジネスコミュニケーションであり，グローバルビジネス英語はグローバルビジネスコミュニケーションの大切な手段であり，道具である。

　本書では，そのグローバルビジネス英語を次の3つから成るものとしている。

(1) トレード・タームズ（trade terms，貿易定型取引条件）や，信用状や外国為替関係など貿易取引に特有な金融用語などで，その意味がインコタームズ[3]など信頼できえるグローバル規則などにより確定されているビジネス用語。

(2) トレード・タームズのように言語に厳格な意味が与えられてはいないが，グローバルビジネスの場で用いられる英語[4]。

(3) 上記の2つが英語の統語法（文の構造など，簡単にいえば文法のことであるが，グローバルビジネス英語として考える場合には，それが正確であるべきか否かは問わない）に則って構成される話し，書き，聞き，読まれるビジネス英語。

　グローバルビジネスの場における言語活動の要因となっているこれらの英語が，グローバルビジネス英語といわれるものである。わが国には従来から著名なビジネス英語の定義が存在している。それは，本書の第1章でも紹介した「商業英語学とは商業英語現象に関する学問であり，商業英語現象とは商業の場において一定の現実的効果をあげることを目的とする意思伝達のために英語を用いて行われる動的な言語活動である」[5]という「中村定義」であるが，現代にも立派に通用する普遍的な定義である。冒頭のグローバルビジネス英語の定義も，この定義に基づいている。

そのビジネス英語を現代のグローバルビジネスの場において，英語を母語としない文化的・言語的にそれぞれ異なる人々の間でビジネスの目的を達成するために用いられるものとしてとらえる考え方があり，それを International Business English あるいは International Business Language（IBL）と呼んでいる。IBL とは，ノルウエー人がベルギーで，イタリア人とビジネスをするときに使うリンガフランカ（lingua franca，共通語）としての英語であって，文の構造や話し方にもそれぞれの母語の影響を色濃く受けているものである，としている[6]。

この考え方は，いまや英語使用者数が，第一言語として3億7千5百万人，第二言語として同数の3億7千5百万人，外国語としての英語使用者7億5千万人といわれる時代[7]，すなわち，英語母語話者の総人口をはるかにしのぐ世界の人々が英語を使用するようになってきた現代におけるグローバルビジネス英語の実体を如実に示すものであるといえよう。

3. グローバルビジネス英語と人間の関係

グローバルビジネス英語は使われるものであって，それを使うのはあくまでも「人間」である。その人間がビジネスの場において自分の意思を相手に伝えるために用いるのがグローバルビジネス英語であり，そのグローバルビジネス英語を用いてメールやレターを書く，あるいは話をするということは，すべて自分や自分の会社の意思を表すためである。しかも，ただ意思を表すだけではなくその意思を伝えることにより，相手を動かすものでなければならない。

意思を表すためには，その意思を伝えようとする自分と，その意思を読み取り，聞き取ってくれる相手という2人の生きた人間の存在が必要である。大事なことは，その双方の人間の考え方が表現のよしあしにかかわらずそのままグローバルビジネス英語という言葉に現れてくるということである。直接の利害関係を持つ自分と相手，という人間相互のコミュニケーション（interpersonal communication）の用具がグローバルビジネス英語である。したがって，グローバルビジネス英語を用いて，どうすれば自分の意思を効果的に相手に伝えることができるかを検討する場合，その言葉を用いる「人間」を中心に考える必要がある。

そのように重要な役割を果たす人間と言葉の意味の関係について考えてみよう。一般意味論の命題にもあるように，言葉そのものには意味がない。意味は言葉を用いる人にあって，言葉そのものに意味があるのではない。ある言葉に意味を与えるのは人間である。自分がある言葉に意味[1]を与える，そしてその言葉が相手に伝わる，すると相手はその言葉にその人なりの意味[2]を与える。意味[1]と意味[2]が幸いに同じこともあろう，また逆にまったく正反対である場合も考えられる。一般的な言葉に限らずグローバルビジネス英語についても同じことがいえるが，この点については後で詳しく述べるつもりである。

グローバルビジネス英語に託した自分の考えが，そのまま自分の思っているとおりに相手に伝わるという保証はない。理想的なビジネスコミュニケーションは，発信者がグローバルビジネス英語という商学的記号に託した伝達事項の意味と，その伝達事項を受け取った受信者が汲みとる意味とが合致することにほかならない。

そのために心を砕き，その記号を使ってどうすれば自分の意図するところを正しく相手に伝えられるかを考えるところから理想的なビジネスコミュニケーションが生まれてくる。そのためにも自分の意思を記号に変換する際にも，自分と相手という「人間」を中心に考えることが大事になってくる。

「成功するビジネスコミュニケーションは，10％がビジネスで90％が人間関係である (Successful business communication is about 10 percent business and 90 percent human relations.)」[8]という言葉をよく味わいたい。よい人間関係とは，相手の立場に自分自身が飛びこみ，相手の立場から状況や状態を見てみようとする努力，そしてそこから出てくる判断に基づいて相手に語りかけ，メールやレターを書こうとする真摯な態度から生まれてくる。

物事や事実というものは多面的なものである。試みに，事実というものは人間の意識によって構成されるものと考えてみよう。1つの状況，1つの事実には自分の立場から眺められる面だけではなく，いくつかの異なる面があり，相手の立場からはまったく違った側面が眺められているはずだ。相手がある状況を判断し，それに基づいて意見を述べてくるならば，それがなぜなのかを相手の立場になりきって考えてみることが大切である。

もし，ビジネスというものを自分と相手という対立した2人の個体によるも

のではなくて,「ビジネスを成功させる」といった同じ目的を達成させたいという気持ちをもった1つの個体であると考えることができるならば,そこには1つになった「われわれ」という存在があらわれ出てはこないだろうか。

「『愛することは互いに見つめ合うことではなく,ともに同じ方向を見つめること』というサンテグジュペリの言葉は,愛が互いに相手を対象化する相克ではなく,《主観＝われわれ》としての共同存在の体験であることをみごとに表現している」[9]という。そうであるならば,ビジネスの場においても,売り手と買い手,債権者と債務者双方が,相手の立場に立って,ともに同じ方向を眺めてみる,少なくともそうしようと努力することは,グローバルビジネスコミュニケーションを成功させるための不可欠な要素となりえるものと思いたい。

II　グローバルビジネスの場における用語の意味

現代ではグローバルビジネスに従事する人間の数はおびただしいものになっている。それらの人々が貿易の用語を等しく共通理解している保障はない。「ことばには意味がない」,「人がことばに意味を与える」という一般意味論の説くところそのままに,それが原因となって人々の間に多くの誤解が生じ,問題を引き起こしている。

そのような時代背景を映し出すがごとく,『インコタームズ2000年版』(2014年現在における最新版は『インコタームズ2010年版』である)においても,また『荷為替信用状に関する統一規則および慣例2007年改訂版 No.600 (略称 UCP600)』においても,実際に使用される専門用語のみならず一般的な名詞の定義条項や,解釈条項のページが,従来にはみられないほど大幅に付け加えられている。さらには,それらの追加条文の中でもグローバルビジネスにおけることば（記号）の使用とその解釈には十分な注意を喚起するようにと求めている。

この問題については別の機会に言及し議論してみたいが,これら一連の動きが意味するところは,前項でも述べたように,いわゆる貿易取引には素人であ

る普通の人間がグローバルビジネスに参画しやすくなってきていること，そしてそれゆえに，お互いの間に語句の使用において誤解が生じる機会が格段に増加していることを表しているといえよう。

　すなわち，現代のグローバルビジネスの世界においては，一般意味論の命題である「ことばには意味がない」あるいは「意味はヒトにある」という，記号の使用者とその記号が示す指示物（指示概念）とに関する問題がクローズアップされてきたということに他ならない。その3者の関係（記号，その記号の使用者，そしてその記号の指し示す指示物・概念）が堅固ではなくなってきている兆候を示すものと考えられるのである。

(1) ことばと指示物・概念

　同じ単語が他の言語圏では異なる意味を与えることはよく知られている。たとえば，英語の sensible（分別のある，賢明な）がフランス語では sensitive（神経過敏の，傷つきやすい）の意味になるなどというのがその例である。同じようなことは，英語の compromise（妥協する）が，米語，英語，そしてフランス語では，それぞれ意味が異なる（妥協することを積極的な意味として取るか否か）とも言われる。他の言語圏との間で共通語としての英語を使ってメッセージをやり取りする場合には，そのメッセージの送り手も受け手もともに自分が意図したとおりにそのメッセージが相手にきちんと伝わっているかどうかを確認することが必要であろう。

　鈴木は，「外国のことは，外国に行ってみなければ判らないことが多いのは確かである。しかし，ただそこに行ったからとて，いやそこで長く暮らしたからとて，必ずしも判るものではないのが，『見えない文化』なのである。見る方の人に，自分の文化を原点とした問題意識がなければ，実に多くのことが，そこにあっても，見えないのである」[10] と述べているが，そのとおりである。見えないものを見るためには，自国の文化と外国の文化の違いに対する気づきと鋭敏な感受性という積極的な態度が必要になる。

　鈴木は，ことばを氷山にたとえている。氷山の水面に表われている部分は全体積の約7分の1であり，7分の6は水面下に沈んでいて見えない。ことばによって概念化され得る現実の部分は，この水面より上に表われている部分とみなすことができる。

この水面上に表われている部分が、水面下に隠れている部分の上部構造であることは、その相関関係を知る者には、暗黙の前提となっている。この見えない部分は、見えている部分としてのその概念に固有の価値を与える基盤と考えてよい。すなわち、ここに、水面上の見える部分がほぼ等しい形になっている2つの氷山があるとする。それぞれの氷山の水面上に表われている部分が言語であるとして、その部分がたとえ似ている、あるいはほぼ同じように見えるからといって、2つの氷山の水面下部分が両者ともに同じ形をしているとは限らない[11]。

第2章で考察した「ネパールでの山」や「ギリシャにおける古い」、そして「インドネシアでの明日」などはみなこのことを表しているといってよい。言語化された水面上のことばと、その下部構造である水面下にあって見えていないそのことばの概念、との関係はこの鈴木の比喩によってよく理解することができるであろう。

(2) 記号の使用者としてのヒト

記号の使用者として異文化圏の人々を考察した場合、グローバルマネージャーたる者は、前項で説明したようにその言葉を使用するヒトがどこの文化圏にいるかによって、ことばによって表出されている部分は同じであっても、表に表れない水面下の部分はそれぞれ異なっていることを知らねばならない。

たとえば、「一流の国際ホテル (a first class international hotel)」といっても、それがニューヨーク、ロンドン、パリ、東京などにある場合と、アフリカ諸国の首都あるいはその近郊都市にある場合では、かなり大きな違いがある。それを知らずに水面上のことばからだけで、勝手に想像し、期待して行くとその違いに驚き落胆することになりかねない。

ただ彼我の違いだけを強調することも避けなければならない。それらのことばを使用する人間として、民族的、文化的、思想的に違っているからといって心情の面では同じことの方が多いということも知る必要がある。同じ人間として、同じ部分の方が違っている部分よりもはるかに多いのだということを次の寓話から考えてみよう。

地球はよく知られているように横に長い楕円形をしている。また地球の表面にはエベレストやその他多くの高峰がそびえたっている。海洋では、エムデン海溝など深い海淵がいくらでもあることが知られている。これらの「事実」か

ら地球を鉛筆で円に描くとするとして、それは果たして「(横長の) ラグビーボール」、「(表面が凸凹したみかん」、あるいは「真円」のうちどれが正しい姿となるであろうかと質問をすると、多くの者が「みかん」を選び、「ラグビーボール」と答える者が続き、「真円」であると答える者は少ない。

　実は、正解は「真円」なのである。「鉛筆で描くとして」というところが大事なのであるが、地球を直径6センチの大きさに描くとすると、どのように細い鉛筆を使ったとしても、上に挙げた横長であるとか凸凹であるとかいう、それぞれの違いはすべてその細い鉛筆の線の中に吸収されてしまうのである。

　このことは、地球の赤道円周が 40,077km という大きなものであるのに対し、横(赤道)の直径 12,756km と縦(南北極)の直径 12,714km の差はわずか 42km にしか過ぎず、エベレストの高さは 8.86km、エムデン海溝の深さは 10.4km という小さなものでしかない、ということから明らかである。人間としての同一性の大きさに比べて、人間としての異質性というのは、このように小さなものである、というのがこの寓話の教えるところである[12]。

　このように世界中のヒトはみな同じだからこそ、マクドナルドやコカコーラは、食文化がそれぞれ大きく異なる地域の中でも、大きな変更を加えずに地元の人たちを魅了し、食され、飲まれているのである。また、みなが同じだからこそ、地球上どこへ行っても、ソニーのプレイステーションやマックの iPhone が爆発的に売れ、マイクロソフト社のパソコンがディファクト・スタンダードの世界を作り出すことができたのである。

　しかし、そうであるからといって、また世界中どこへ行ってもそれらを目にすることができるからといって、世界中がすべて同じということにはならないことも理解しておく必要がある。大事なことは、どこに行ってもそれらを見ることができるという事実ではなく、それらが現地の人間には文化的にどのような意味を与えているかということである。

　マクドナルドの店頭でハンバーガーを食べることがモスクワではステイタスシンボルの一種であったのに対しニューヨークでは、単に食事を安上がりなファーストフードで済ます意味しか与えないという時代もあった[13]。それらのものそのものが、そしてその実体を表すことばが文化によって (さらには時代によっても) 異なる意味を与えるものであることも当然のことながら、よく知

らねばならない。

III　グローバルビジネスと異文化コミュニケーション

1. 3つの重要な問題領域

　グローバルビジネスコミュニケーションの用具としてのグローバルビジネス英語とその効果を考えた場合，そこには次のような3つの重要な問題領域があることに気がつく。(1) 翻訳，(2) コード，そして(3) 汎用性である。

(1) 翻訳の問題

　翻訳とは，その名のとおり，「ある言語で表現された文章の内容を他の言語になおすこと」（広辞苑）である。翻訳という問題は英語母語話者とのビジネスにおいて英語を使用する場合には，その相手側にはまったく生じない問題である。しかし，英語を外国語として用いる私たち日本人やその他の外国人，あるいは英語を第二言語として用いる人々には，現地語から英語への，あるいは英語から現地語への言語転換時にコミュニケーション上の障害が起きることがままある。以下にいくつか例をあげてみよう。

　日本語の「常務取締役」を Managing Director としているテキスト類（あるいは一部の和英辞書）をよくみかけるが，実はこの Managing Director は英国や英連邦諸国にあっては（ヨーロッパの多くの国々でも），「社長」を意味する肩書きである。CEO (Chief Executive Officer, 最高経営責任者) という用語が人口に膾炙して久しいが，上記の地域においては CEO & Managing Director という類の2重肩書きも珍しくない。また，日常業務においては He is an MD. He is the MD of ABC Corporation. （彼は社長だよ。ABC社の社長をしている）などと省略して用いることもある。

　これに対して，「副社長」が Vice President と英訳されることがあるが，この Vice President（VPと省略される）は米国のビジネス社会で多く使われるもので，英国系の社会ではあまり目にしないものである。問題は，米国でこの Vice President は日本語の感覚で言うと，単なる「部長」に過ぎないという点である。同じようなことは，Director についてもいえ，英国やヨー

ロッパ諸国では単に「部長」をさすことが多くあり，「取締役」や「役員」を意味しない場合がある。

　日本の大企業の副社長（Vice President）と常務取締役（Managing Director）が英国へ出張すると，その待遇が逆転することになる可能性が大きいので注意すべきである。相手を困惑させないためには，副社長を Executive Vice President，常務を Junior Executive Director とし，出張前の連絡で日本の肩書きの事情について相手に説明しておいたほうがよい[14]。

　次の例は，翻訳そのものの問題ではないが，言葉の意味が文化によっては大きく異なる実例であり，翻訳者や通訳が気をつけなければならない点を示唆している。重要な点は，最後の例での質問者（外国人）の「言葉の意味を確認する」態度である。

　『アラーが破壊した都市』という本の中に「ベドウィンの友人たちの用語では"古い"とはおじいさんたちがまだ生きていた頃を指し，"実に古い"は百年くらい前のことをいう。もし何千年も前のことをいいたいならば"アード以前"という表現になる」[15]という記述がある。

　「古い」に関しては次のような記述もみられる。「ユリは，（中略）『古いいいものだ』とだけいった。驚きでそれ以上言葉が出なかったのだ。この"古いいいもの"はローマ製の壺の破片で，（中略）どちらの場合でも"古い"とはキリスト以前で，たぶん紀元前三〇〇年頃を意味した」[16]。「『"アードの民"のものかもしれない。独特のものだね。非常に古い可能性もある，二千年前とか。だけどちょっと作りが粗末だね，（中略）最近のものかもしれない』『最近—最近というのはいつ頃をいうんだい？』『中世あたりかな。もっと後の可能性もある（後略）』」[17]。

　これら一連の記述を見る限りアラビアの地においては「古い」という言葉は，その状況次第で，何十年，何百年から何千年の幅があるものであり，その語句だけをとらえて old という英語に翻訳することが何と意味のないことであるかが分かるだろう。

(2) コードの問題

　前に，グローバルビジネス英語は，グローバルビジネスの場で１つの目的を達成するために両当事者お互いの意思を伝達するために用いられるものである

とした。しかし、その目的を正確に達成しようとするならば、そこに使用される記号とその意味は発信者が勝手気ままに定めるのではなくて、受信者との間でお互いに合意された共通の了解に基づいた決まりに従っていなければならない。そのような決まりのことをコードと呼ぶことは、すでに学んだ。

　このコードの役割を考えるとき大切なことは、発信者の意図したことの内容が損なわれることなく受信者に伝わるようなものでなければならないということである。コードにはこのことを保障するような明確な規定が拘束力の強い形で含まれていなくてはならない。具体的にいえば、発信者の用いる記号表現が明確に規定されていること、それぞれの記号表現に担わせうる情報が記号内容として明確に規定されていること、規定されている記号表現と記号内容の対応は、常に排他的に1対1であるということ、そして記号表現の結合に関しては、許容される結合がすべて規定されていることである[18]。

　コードとは、理論的にはこのように厳格なものであるのだが、現実に人間の行うコミュニケーションはこのような機械的なものではないし、少しの逸脱も許さないというような厳格なものでは決してない。なぜならば、人間というものは前言したように、機械とは異なって、もっと主体的にまた融通無碍に振舞いえるものだからである[19]。たとえコードから逸脱するようなメッセージであっても、人間はそれをコードに外れているからという理由で排除しようとはしない。何とか分かろうと努力し、推論し、もとのメッセージの意図を探ろうとするものである。

　コードを参照しても解読できないようなメッセージである場合に、人間が参照するものが「コンテクスト」と呼ばれるものである。そのようなメッセージを受信した人間は、コンテクストを参照することによって、発信者の意図を汲み取ろうとするのである。その際にコンテクストに頼りメッセージを解読しようとする行為は、もはや機械の「解読」とは異なり、「解釈」と呼ぶほうがよりふさわしい[20]。

　グローバルビジネスの場では、このコードは重要な役割を果たしている。契約書の目的がそうであるように（特に契約書前段の定義条項にあっては）、先にも紹介したインコタームズや、同じグローバル商業会議所が発行している『荷為替信用状に関する統一規則および慣例〔2007年改訂版〕』[21]は、まさに前

言したように，用語の解釈にあたり，それを機械的な解読に近い形で，明確な規定が拘束力の強い形で含まれているのである。以下いくつかの事例をみていくことにしよう。

　これもよく誤解されることだが，日本語の「以上」，「以下」は more than と less than ではない。「以上」や「以下」は，その対象となる数字や額を含むのに対して，英語の than はその対象となるものを含まないからである。25個以上と more than 25 units では，前者が25個を含むのに対し，後者では25個を含まないのである。そうであるとすれば，以前も以後（以降）も同じことで，before や after でよいかという問題が生じる。辞書では，たとえば，after May 1 の説明として，「5月1日以降（法律上など厳密には1日を含まない。当日を含める時は，on and after May 1 とする）」というような説明が与えられている。

　信用状統一規則（2007年版）では，コードとしてこのようなことをしっかりとさせるために，その第3条「解釈」（ARTICLE 3 Interpretations）で次のようにそれぞれの用語の意味を規定している。

　「船積の期間を決定するために用いられている場合には，to, until, till", from および between という語は，記載された日を含み，before および after という語は，記載された日を除外する。支払期日を決定するために用いられている場合には，from および after という語は，記載された日を除外する。月の first half および second half という用語は，それぞれ，すべての日を含め，1日から15日まで，および16日からその月の末日まで，と解釈されるものとする。月の beginning, middle および end という用語は，それぞれ，すべての日を含め，1日から10日まで，11日から20日まで，および21日からその月の末日まで，と解釈されるものとする」[22]などと細かく用語の解釈が規定されている。

　実際のグローバルビジネスにおいて，コードたるべき契約書の中で，使用される用語の意味を規定していなかったために起きた以下のような例がある。

　某国へ工場建設支援のために技術員を派遣することになった某社は現地企業との間で，社員の安全と慰労のために宿泊場所は「一流の国際クラスホテル」にする旨を契約書の中に明記しておいた。ところが，現地に到着してみると，

あまりにもひどいホテルであることが分かり，担当者は，その事実を指摘し契約違反ではないかと現地企業の社長にクレームをつけた。すると，「当地の基準では，そのホテルは三ツ星クラスの『一流の国際クラスホテル (a first class international hotel)』と呼んでいる。何か問題があるか」とのいとも簡単な返事が返ってきた。担当者は，その答に唖然としたが，契約書の中で何をもってして一流の国際クラスホテルと言うのか，その基準をはっきりと明文化しておかなかった自分たちが悪かったと反省するばかりであった。

なお，この first class だが，前述した信用状統一規則（2007年版）の一代前の改訂版である『荷為替信用状に関する統一規則および慣例〔1993年改訂版〕』の第20条「書類発行者についての曖昧な表示」では，その他のいくつかの用語と同じように企業の格を表す言葉として「使用してはならない」と決められていた[23]。

貿易の世界では，積み地条件の場合，delivery（デリバリー）とは輸出者が輸出港で仕向地へ向けて出航する船に貨物を載せる，あるいは運送業者に手渡すことを意味する。これは，1892年制定（1979年改訂）の英国物品売買法（The Sale of Goods Act）第32項「運送業者への Delivery」において「(1) 売買契約を履行するにあたり，売主は当該物品を買主に引渡す旨の権限を付与され，あるいはそのように要求されている点において，買主への引渡しの目的のために（買主に指定されているかいないかは問わず）その運送業者へ引渡すこと（delivery）が，当該物品の買主への引渡し（delivery）であるとみなされる」と規定されていることがもとになっている[24]からである。

したがって，September end delivery は，9月の末日までに輸出港から出航する船に間に合うように貨物を船会社へ引渡すなり，船に積むことを意味する。グローバルビジネスマンならばほとんど誰でも知っていることだが，日本の輸出業者と米国のバイヤーとの間で問題が起きた。日本側は，September end delivery という注文に対し，いつものように，9月末日までに船積みを完了するよう手配し，船の出航を確認してからバイヤーにその旨を通知した。しかし，バイヤー側は，September end delivery とは9月末日までにサンフランシスコの自分の顧客へその品物を届けなければならない意味だったと，怒り出したのである。

そのようなこともあって，米国側の社長はその後，その他の曖昧な用語とともに，自分なりの定義集を作成し，両社の間で使用する取引用語の意味はその定義集に従うようにしようと申し込んできた。日本側もその提案に合意し，その後この定義集が，2社間でのコードとしての役割を果たすことになったのである。

(3) 汎用性の問題

グローバルビジネス英語の役割や使命を考えるとき，使用される用語の意味には，1国や1地域といった限られた場所ではなくグローバル的な広がりが必要になる。この問題に関しては，2つのことがいえるであろう。1つは，そこで使用される英語は，英米の人間にしか理解できないものであってはならず，リンガフランカ（共通語，あるいは共通の通商語[25]）として広い地域にわたってより多くの人々に共通に理解されえるものでなければならないということ。そして2つめは，言葉の意味には必然的に人的また地域的に特有な性格がそなわっていて，それがここでいう汎用性の阻害要因になるということである。2つの実例を上げて，その意図を簡単に説明しておこう。

フランスに留学していた各国の学生たちが，ある晩寄宿舎のラウンジで楽しそうに大笑いしながら話をしていた。そこへ，米国人の学生が入ってきて，しばらくその会話を聞いていた後に，「お前たちはとても楽しそうに話し合っているが，いったい何語で話をしているのか？」と質問してきたという。何人かの学生たちが「もちろん，みんなに分かる共通の言葉，英語に決まっているじゃないか」と答えたところ，その米国人は唖然として，部屋を出て行ってしまったという。

また，ハンガリー人の土木技師が，サウジアラビアで数ヵ国の技術者からなるグローバルチームのメンバーとして働いていたときのことである。彼らはお互いに英語を使用して完璧に意思疎通ができるのに，そこにいた英国人の技術者とだけは，どうしてもうまく意思疎通ができず，そのチームの総意として，彼がその英国人に対して「どうか，これからは，お願いだからみなに分かる英語で話してくれないか」と申し出たとのことである。

グローバルビジネス英語のあり方を考えた場合，この2つの事例のように英米人たち英語を母語とする人々には面白くない現象が出てくることは想像に難

くない。しかし，英語の汎用性という面からは，英米人たちの寛恕と譲歩を願いたいものである。

　近年になり EU 圏内でのビジネスや学術交流の場面でも同じようなことがよく起きているようであり，その事実が報道されている。あるオーストリアの銀行家が，「ギリシャ，ロシア，またデンマークからのパートナーたちと英語でビジネスをするのは気楽だが，そこへアイルランド人が入ってきて英語を使い始めるととたんに面倒なことになる」とこぼしていたという。その他，別の機会であるが，アムステルダムでの英語を使用する国際学生会議において英国の代表が，「お願いだから，他のメンバーたちが分かるように，『英語らしくない英語』(less English) を使って欲しい」と懇請されたということも，大学教授の話として，以下のように報告されている[26]。

She [Prof Seidlhofer] quotes an Austrian banker as saying: "I always find it easier to do business [in English] with partners from Greece or Russia or Denmark. But when the Irish call, it gets complicated and taxing." On another occasion, at an international student conference in Amsterdam, conducted in English, the lone British representative was asked to be "less English" so that the others could understand her.

　本章で扱う問題は，第 2 の問題，すなわち言語の地域性と個人性という問題である。ある一面においては，(1)で述べた翻訳の問題にも相通じるものといえよう。次の 2 つの例をあげよう。最初の例は，第 2 章でも取り上げたギリシャにおける 16 世紀に建てられた「古い修道院」の話である。ギリシャでは，アテネの市中はもちろん，その郊外にも紀元前何世紀という遺跡が数多く残っている。そのような何千年も昔の建物がそこかしこに残る国においては，16 世紀に建てられた「古い」建築物も「まだ新しい」のである。

　それに対し，1976 年当時建国 200 年祭を祝ったばかりの米国では，100 年から 200 年前の「古い」ものをとても大切にし，小さな町にも必ず博物館があり，また観光客用とはいえども，昔のままの衣装に身を包んだ人々が，昔のま

まの生活を営んでいる村や町があちこちにある。建国以来 200 数十年の歴史を持つ米国における「古い」という形容詞と、紀元前何世紀もの歴史を持つギリシャにおける「古い」という形容詞の意味は、違って当然なのであろう。

問題は、このように形容詞の意味が国家や地域によって異なるとするならば、自社紹介にあたり「歴史の古い、大きい、よい会社」といっても、それは意味をなさない。具体的な数字をならべることが大事になる。また、そうした情報の受信者としては、自分や自分の帰属する社会や文化における価値基準や尺度を忘れ、発信者の価値基準や尺度に思いを致すといった心構えが大切になってくる。

本来あるはずがない言葉の行き違いや履き違えは、グローバルビジネスの現場ではよく起きる。言葉の使用には細心の注意を払うことと、相手との間でその意味の確認を怠らないこと、の 2 点が重要となる。総じていえることは、言葉には意味がなく、人が言葉に意味を与える、という一般意味論（General Semantics）の命題のとおりであるということだが、次節においては、いったいなぜこのような問題が起きるのか、その原因を探っていくことにする。

2. 問題発生の原因と記号論の立場

第 2 章では交通信号の色の問題とトイレのマークについてかなり詳しい説明をしたが、国や地域によってそれぞれ異なるトイレのマークは、その一般的合意に地域的な限定があり、日本人だから、トランプカードを知っている人だから、あるいは若い人だから、現地人あるいはその地の言語に明るい外国人だから、これらのマークが指示している意味が分かるだけ、とはいえないであろうか？着物にはなじみのない国や、トランプカードを知らない国からの来訪者や、あるいは老人たちは、男女の別が分からなくて困らないであろうか？

この場合の信号やトイレのマークは記号と呼ばれ、言葉と同じようなものであり、進め・止まれ、男用・女用という、人間がその記号に与えた意味内容の表示は、言葉の意味と同じものといえるだろう[27]。

このように考えると、交通信号にはグローバル性があり（「グローバル性」という言葉を「どこの国へ行っても通じる」という意味で用いるならば）、トイレのマークにはグローバル性がない、ということがいえそうである。それ

は，グローバル的に通用する（あるいは，強制的に通用させる）コードとしての規則が存在するか否かによる違いともいえよう。しかし，逆に，貿易取引に用いられるトレード・タームズのようにインコタームズと呼ばれるグローバル的な「統一規則」の存在がありながら，それに従わず，それらトレード・タームズが2者間の合意があるなしにかかわらず，統一規則での定義からはずれて，恣意的に用いられるケースも多くある。

いずれの場合においても，前言したように，言葉あるいは記号そのものには意味がなく，言葉あるいは記号に意味を与えるのは人であるという，一般意味論の定義そのものということになる。あるいは，記号論的にいうならば，「同じものに関連している幾つかの記号がだからといって同じ指示対象を持っているということにはならない。というのは，ものの中で考慮されるものがいろいろな解釈者にとって違うということがありうるからである」[28]ということになる。

前節で説明した「狼煙」を例にとり，このことを考えてみよう。海岸に近い村に住んでいる人たちにとっては，この狼煙は先に述べたように，海岸にカルタゴ人が取引を希望している交易品が置かれている，という指示対象となり，「それでは，取引の準備に取り掛かろう」という反応，すなわち解釈項を与えることになる。なぜならば，彼ら1人ひとりが，そのことを共通の経験から知っているからである。

しかし，遠くの山上にある村の住人たちは，この狼煙に対して別の解釈者となる。彼らは，「海辺の村の連中たちは，いつも海岸に狼煙が上がった日から急に騒がしくなり，夜にはいつも宴会をやっているようだ。あの狼煙はきっと大漁の印かもしれない」というまったく異なる反応を示すかもしれない。このことを図で示すと次のように表すことができるだろう。

なお，図3-1の中にある記号であるが，Hはヒト，Sbはモノ，Sign (Word) は信号（コトバ），そしてMeaningは意味，Encodeは符号化（記号変換），そしてDecodeは復号化（記号解読）をそれぞれ表す。

ここに生まれも育ちも異なるH1とH2という2者がいるとする。彼らは，文化的背景がともなう，ともなわないにかかわらず，それぞれが異なる経験を有しているとする。この場合には，当然のことながら，$\boxed{H1} \neq \boxed{H2}$という式

Ⅲ　グローバルビジネスと異文化コミュニケーション　71

図 3-1

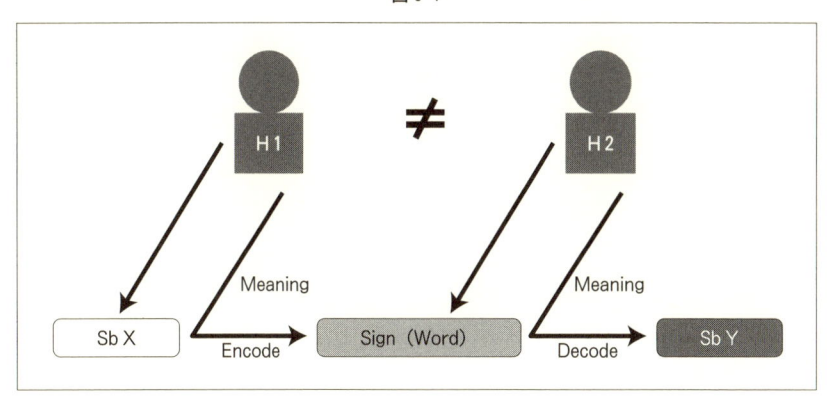

出所：N. Kameda (2012), Meanings of Words across Business and Cultures: The Significance and Limitations of BELF,『同志社商学』第 63 巻，第 4 号，12 ページ。

が成立する（H1 は H2 ではないし，H2 にはなりえないということを意味する）。

　その 2 者の間でのコミュニケーションは，以下のような経過をたどることになるであろう。まず，H1 は SbX に対し，それを判断して意味づけをし，自分の経験に照らしてある記号（言葉）を与える。そのように自分がモノに与えた意味を記号に変換することを「記号変換」という。次に，H2 は，その記号（言葉）を耳にし，あるいは読み，それに自分の経験から得た知識をもとにしてある意味を与えることになる。このように記号（言葉）を解読し，その記号（言葉）に意味を与え SbY を導き出す。このプロセスを「記号解読」という。

　その記号解読の結果は， H1 ≠ H2 であるのと同じように，正確に言えば， SbX ＝ SbY とはならない。すなわち，H2 は記号解読の際に，その与えられた記号（言葉）に他のもの（指示対象）を充てるか，その記号（言葉）を理解できない状態になる。

　2 つのモノの関係が， SbX ＝ SbY になることは無理としても，それに近いものとなるための条件としては次のようなものが考えられる。

① 夫婦，双児，親子，親密な間柄に見られるように経験の共有度が高いこと
② 規則・辞書などのコードにより，記号（言葉）の意味を強制していること
③ 発信者が自分の価値判断基準を捨て相手のそれに合わせる努力をすること

　この最後の状態は，メッセージの発信者（それに受信者も）は常に相手中心思考の心構えを持つべきであることを意味している。自分が，あるモノに意味を与えるために使用した記号（言葉）は，それが相手に伝わったときには，自分の意図したものとは異なって解読あるいは解釈される可能性が高いことを知り，常に自分の立場からではなく，相手の立場に立って記号（言葉）に表すように努めるべきであるし，それこそがグローバルビジネスコミュニケーションを成功させるための不可欠な要素である。

3. 異文化コミュニケーションと相手中心思考

　グローバルビジネスコミュニケーションの「場」における発信者と受信者が，お互いに生まれ育った文化を異にする外国人同士であるところから，両者のコミュニケーションの実践においては，さまざまな問題が生じることになる。両者の母語，民族，風俗，慣習，体制，法律，イデオロギーなどの相違が両者のコミュニケーションをかなり難しくしているのは否定できない。

　特に問題となるのは，両者の一方にとって，あるいは双方にとってさえも，外国語であるグローバルビジネス英語に，両者がそれぞれの文化を背景とした特有の意味を与えるときである。私たちは自国の文化の尺度で言葉を用いたり，判断したりしがちである。たとえば次の英語が伝えようとしている意味と事実を考えてみよう。

1. He is a Japanese businessman.　　（彼は日本のビジネスマンです）
2. He stands six feet three.　　　　（彼の身長は6フィート3インチです）
3. He earns $50,000 annually.　　　（彼の年収は50,000ドルです）

　一見この3例とも事実を叙述する同分類の英文に見える。しかし，グローバル的に普遍なものとしての意味を伝えているのは例文1だけといってよい。

例文2および3は英文中の数値がくせ者である。six feet three という数値で表された身長が高いのか低いのか、また$50,000が年収として多いのか少ないのか、の判断は国によって、文化によって、人によって、年代によって、また状況によっても違ってくる。

　例文2の He stands six feet three. には次のような問題点がある。まず、feet や inches の度量衡が分からない外国人にはその意味が伝わらない、次に、アメリカ人の平均身長を知らない外国人にも「高いか低いか」の判断は無理（アメリカ人を見たことのない人であれば、現地の度量衡に換算してもその反応は「へー、アメリカ人というのは随分と背が高い人種なのだな」という評価の一般化が行われてしまう恐れがある）、あるいはマサイ族など長身族への情報だったらどうだろうか。

　この2つの英文は発信者の伝えたい Message（背が高い。給料が良い）を相手に伝えきれない恐れがある。なお、例文3はさらに「彼」の年齢、職業が述べられていなければ、情報としては不完全である。また、状況によっては当然ながら$の種類（US$、HK$、CAN$、AUS$, etc.）も明記する注意が必要である。

　上では、「グローバル的に普遍なものとしての意味を伝えているのは例文1だけといってよい」と述べた。しかし、厳密にいうとこの記述は正しくはない。時代、社会、場所など所与の条件が異なれば、当然そのとき、その場所で、人間によって語られ、書かれ、そして理解されるこの英文の意味も異なってくる。

　たとえば、「彼は必ず約束を守る男だ（なぜなら、彼は日本人ビジネスマンである）」と言う意味を表すこともあるだろう。記号論（Semiotics）では、このように記号の使用者を前面に押し出し、記号と解釈者との関係を研究するものを「語用論（Pragmatics）」と呼んでいる。モリスは、「すべてとは言わないまでも、ほとんどの記号がその解釈者として生き物を持っているのであるから、語用論は記号過程の生物的側面つまり記号の働きに生じる心理学的、生物学的、社会学的現象のすべてを扱うと言えば十分正確な語用論の特性づけになるだろう」と述べている[29]。

Ⅳ 相手中心思考のビジネスコミュニケーション

1. 理想的なビジネスコミュニケーション

　異文化コミュニケーションでもあるグローバルビジネスコミュニケーションには克服しなければならない数々の難しさがあることが分かった。そのような難しさの中で理想的なコミュニケーションを考えるということはやさしいことではない。しかし，それを追求していくことは大いに意義のあることだと思う。理想的なグローバルビジネスコミュニケーションを可能にするにはどうすればよいか，という問題を解明するための条件を挙げてみよう。その条件とは，発信者と受信者とが，

1. 同じ「立場」になりきること
2. 同じ「言葉」で話し合うこと

である。同じ立場になりきるとはどういうことか。また，同じ言葉で話すとは何を意味するのか。これらの問題を解きほぐしていけば，理想的なグローバルビジネスコミュニケーションを可能にする糸口が見出されてくるはずである。

　啓蒙的なレトリック関係の論文や書を数多く世に送り出した言語哲学者の佐藤信夫が，この点に関して面白い比喩を用いて説明しているので以下に紹介しておこう。

　佐藤は，100円玉が円形であるという一文と，長方形であると主張する一文は，論理的にいえばまったく同じ価値を持つ文章であり，そのコインが円形か長方形かはそのように主張する者が100円玉のどちらの側面を見慣れているかという慣習的な，そして心理的な違いに過ぎないという[30]。佐藤の主張は，あることがらの姿かたちを見慣れているヒトとその両極端にある異文化圏の人々では，同じ対象物であっても，まったく異なった見方をする可能性があるということを示している。私たちは，あるものを自分が見て，感じるところを他の人はまったく異なって見ているかもしれないと思わなければならない。

Ⅳ 相手中心思考のビジネスコミュニケーション

　すなわち，異文化コミュニケーションの実践においては，常に相手の立場に立ってものごとをみてみる，そしてそれはきっと私たちが見ているものとは異なっているかもしれない，相手がして欲しいことは，自分がして欲しいこととは異なっているかもしれない，と思うことが重要になってくる。このことは，一般意味論の命題である「言葉に意味はなく，意味は人にある。人が言葉に意味を与える」にも相通じるものであるといえよう。相手の立場に立ってものを見てみるということを分かりやすく説明する寓話があるので，それを紹介しておきたい。教育実習の事前講話に感動した大学生からの投書で紹介されていたものである。

　太郎と次郎が山に登ったところ，太郎が穴に落ちてしまった。次郎は太郎を助けようとしたが，とても自分一人の力では無理だ。そこで次郎は山を下り，助けを呼びに行った。「大変だよ。太郎君が高い穴におちちゃったんだよ」。数時間後，太郎は無事助け出されたが，次郎の母親が次郎に言った。「お前，穴は"深い"だろ。"高い穴"なんて言わないよ」。すると次郎が言った。「違うよ，"高い"穴だよ。だって太郎君がいくら頑張ったって届かない，高い穴なんだもの」[31]。

　相手の立場に立って考えるとはこのようなことをいうのである。助けを呼びに行っている間，次郎の心は，薄暗い穴に落ちて，何とか上がろうとしている太郎を同じ所にあった。その時次郎は太郎に同化している。次郎の中に太郎がいる。太郎という他人が次郎の中に存在しているのである。これが自他同一というものではないであろうか。
　この寓話が示すように，同じ立場になりきることとは，発信者が自己中心的な思想，要求を差し控えて，受信者である相手の立場に歩み寄り，両者が1つになるように努めることを意味する。また受信者も，発信者と同じように，自分の立場からのみものをみるのではなく，相手の立場に立ってものをみて，考えてみようとすることが大事になる。自分の立場に固執して，自分の利益のみを追求するあまり，相手の利益を無視したり否定したりすることは，同じ立場になることを否定する行為である。

逆に相手の立場になりきれば，言葉の意味，事実の認識などに違いがあることが自然と見えてくる。こちらに私心がなければ，それだけ相手を冷静に判断することができ，相手の心の内がよりはっきりと理解できるものである。グローバルビジネスといえども，結局は人と人とのかかわり合いであり，この私心をできるだけ押さえて相手といっしょになってビジネスをまとめ上げようという気持ちが大切になってくる。相手と同じ立場になりその立場からものを見て，考え，その考えを記号化してメッセージを送ることによって，理想的なグローバルビジネスコミュニケーションは可能になる。

　次に，同じ言葉で話し合うこととは，発信者が意味するところを受信者がそのとおりに受け取り，理解してくれる言葉でのコミュニケーションを意味する。前節で見てきた英文を相手が理解してくれる同じ言葉にするためには，相手によっては補足説明が必要になる。これも真に相手の立場になりきってみれば自ずと答えは出てくるものである。相手が自分と同じだけの判断基準と必要な情報を持っていないと判断される場合，

1. 相手がその「言葉」を判断できる十分な情報を与えること
   The male's average height in this country is six feet.
   （わが国における男性の平均身長は6フィートです）
   This amount falls into the high income bracket in this area.
   （この金額はこの地域では高額所得者の部類に入ります）

2. 自分なりの判断あるいは意見を加えること
   He stands six feet three. He is tall in our society.
   （彼の身長は6フィート3インチです。当地では背が高いほうです）
   She earns ＄50,000 annually. She earns really a lot for her age.
   （彼女の年収は50,000ドルです。年にしてはずいぶん稼ぐほうです）

といったような相手に対する思いやりのある補足説明が必要であり，それがあれば発信者と受信者は同じ言葉でコミュニケーションしたことになり，不必要な行き違いは起こらないようになるか，あるいはかなり少なくなるであろう。

このように，発信者と受信者の双方にとって同じ意味で理解される言葉で話し合うことにより，理想的なグローバルビジネスコミュニケーションが期待できる。理想的なグローバルビジネスコミュニケーションを可能にするためには，発信者が受信者に近づき，受信する者の立場になりきり，発信者と受信者が1つになることである。両者が1つになりきって状況や物事を理解し，把握することが大切である[32]。そのような心構えを You-Consideration というが，次節では，その考え方について詳しくみていくことにする。

2. You-Consideration とは

　You-Consideration とは，「よりよい相互理解を達成するために，グローバルビジネスコミュニケーションの実践に携わるもの誰しもが必要とする大切な心構えである」と，尾崎が長年にわたって提唱してきたものであり，「ビジネス英語哲学」ともいうべきものである[33]。

　You-Consideration は，それまでの英米を中心とするビジネス英語研究で主張されてきた You-Attitude に対して，尾崎が自ら創造した造語である。尾崎は，理想的なグローバルビジネスコミュニケーションを行うには，相手の立場に「なる」だけでは不十分であり，相手の立場に「なりきる」ことが大切である，と説く。この相手の立場に「なりきり」ものを考えることを可能にするのが，You-Consideration の心構えである。

　人間は誰でも自己本位にものごとを考える傾向が強い。したがって，自分の意思を相手に伝達する場合も，自分の立場からのみ問題を考え，自分の期待すること，提案すること，要求することすべてが，相手によって聞き届けられ，肯定され，実行されるべきものと過信しがちである。しかし，これでは相手と同じ立場に立って，同じ言葉で商談を進め，自分の希望する方向に進展させることは不可能に近い。受信者も発信者と同じく人間である。相手も自己中心的に考え，自分の利益追求のためには，自分の立場を強調し，対抗してくることは当然である。そうであれば，受信者は自分の立場と相手の立場の対立関係をどう理解し，それにどう対処すればよいのであろうか。そこで You-Consideration の心構えを持ち，相手の立場に「なりきる」ことが必要になってくる。

　You-Consideration とは，発信者が受信者の立場になりきるように努める

ことである。「なりきる」とは，発信者と受信者の間に見出される自己中心的思考から発生する対立，抵抗，分裂を超えて両者が一体となることである。そのためには，発信者自らが，発信者と受信者の対立関係を超越した次元に立ち，伝達したい自分の意思を相手の立場において考え，相手の言葉によって表現することである。

　You-Consideration はビジネスの場において，自分の「言葉」で相手を動かす力を発揮させるための不可欠なものである。自分の意思をスムーズに伝達する言葉を選び出すためには，まず受信者の立場に「なりきって」両者の対立，抵抗，分裂を超える次元まで自分を高めることである。そのときの自分の言葉はそのまま相手の言葉であり，その言葉こそ相互に通ずる言葉である。この対立を超える次元の存在を知ること，そして対話の原点で，習得したすべてのグローバルビジネス英語の言語知識を生かすことが大事である。

　コミュニケーションとは人間と人間との心のふれ合いである。いかに技巧を擬らし，絶妙な表現を用いても，それを書くもの，話すもの，読むもの，聞くものの人間性が，必ずそこに出てくる。悪意をもって相手を痛めつけることも，善意をもってお互いに満足する商談を取り決めることも，その「場」に参加する人間どうしの自由意志によって左右され，決定されるのである。

　単なる技巧と表現方法の習得を目指すものではない You-Consideration がよりよいグローバルビジネスコミュニケーションの実現のためには必要不可欠であると説く理由もここにある。理想的なグローバルビジネスコミュニケーションは，発信者である自分（自己）と受信者である相手（他者）との理想的な融合によってもたらされる。「同じ立場」と「同じ言葉」はその自他の理想的な融合によって生まれ，それを可能とするものが「自他同一」を説く You-Consideration の考えであり，めざすものなのである。

　「以心伝心」という言葉があるが，広辞苑によればそれは，「思うことが言葉によらず，互いの心から心に伝わること」といわれる。「以心伝心」は日本人特有の言葉によらないコミュニケーション，テレパシーによるコミュニケーションで，外国人には大いに困惑を生じさせるものであると紹介されることが多い[34]。しかし，この言葉は，そのように単純なものではなく，無言の行為の前に存在する当事者たちの気持ちを大切にすべきであると思う。すなわち，相

手のことを思うからこそ，相手の立場に立つからこそ，言葉によらずとも，相手への思いやりあふれる態度を持つことができ，その結果として言葉によらずに相手を満足させることが可能な行為となって表れるのだと思いたい。

　異文化にまたがるグローバルビジネスコミュニケーションにおいては，相手に対する思いやりの態度を持つことが何にもまして大切なことである。自分が受信者である場合には，「自分や自分の帰属する社会や文化における価値基準や尺度を忘れ，発信者の価値基準や尺度に思いを致すといった心構えが大切である」[35]し，また自分が発信者である場合には同じように受信者の立場に立ってものを見て考えた上で発信することが重要である。自分の価値基準を捨て去って相手と同じ方向を見つめるように努力することがグローバルビジネスコミュニケーションを成功に導く哲学であると思う。

　最後に，日本人ビジネスパーソンの書くビジネス英文レターを月刊誌『商業英語』で添削していた米国人教師による次の講評を紹介しておこう。この一文にはビジネスコミュニケーションにおいては相手への思いやりが何よりも重要であるということがよく表れている。

　　An important thing I learned this time is that "attitude" is much more a factor in communication than the grammar. The grammar can be perfect, but if the attitude is expressed wrongly, the letter will be a failure. However, even with broken English, should the attitude of concern for the customer be clear, communication will be quite effective.[36]

今回の添削で私が学んだことは，「態度」がコミュニケーションにおいては文法よりもはるかに大事な要素であるということでした。文法は，工夫次第で完璧なものとなりえるでしょうが，もし態度が間違って表現されてしまったならば，そのビジネス通信文は失敗となってしまいます。しかし，たとえブロークン・イングリッシュでも，もし顧客への思いやりがはっきりと表れていれば，そのコミュニケーションは効果的なものとなるでしょう。

注

1 ヘロドトス著，松平千秋訳（2001）『歴史』岩波書店，（第32刷），110-111ページ。
2 なお，記号とは何かという点はかなり複雑なもので，記号論に興味をいだく人の数だけ記号の定義があるかもしれない，などとまでいわれる。ここでは詳述しないが，上記に述べた語用論（Pragmatics, 記号実践論とも呼ぶ）に対して，記号を，それ自体として完結した実体とみて，その構造を分析する記号意味論（Semantics）がある。この場合，記号は表示物（Signifier）と被表示物（Signified）の結合体ということになる。後者は，内的被表示物と外的被表示物に分かれ，語用論の用語にあてはめれば，前者が「意味」に，後者が「指示物」に相当する。
3 インコタームズとは，パリにあるグローバル商業会議所が発表しているトレード・タームズに関する統一規則であり，世界の貿易商人たちの多くや銀行がトレード・タームズの解釈にあたり依拠している規則である。法律ではないが，売買当事者がインコタームズによる取引条件を採用することに合意すれば，両当事者を拘束することになる。
4 この場合，取引交渉や，経営管理に用いられる英語は当然として，それでは夕食時などに交わされる英語の社交会話はビジネス英語ではないのか，という問題が生じることになる。これは，ビジネス英語（Business English）と一般英語（General English）の境界線上の問題として考察する価値のある問題領域であるが，ここでは論じないことにする。
5 中村巳喜人（1978）『ビジネスコミュニケーション論』同文舘，5ページ。なお，同博士は，商業英語にBusiness Englishという呼称もあて，その定義の後に，「Business Englishという通称を学問的には，そのような言語活動としてとらえる立場から見れば，これは正に英語を用いて行われるbusiness communicationに他ならないであろう」と述べている。
6 Fenner, A. (1989), "Lingua Anglica: the emergence of International Business English," *Language International*, Vol.2, No.1, p.14.
7 Graddol, D. (1997), *The Future of English?*, The British Council, p.10.
8 Wilson, H. (1975), "Put Yourself in the Other Man's Shoes!," *Business English*, Vol.31, No.3, p.36.
9 山崎正一・市川浩編（1968）『新・哲学入門』講談社，243ページ。
10 鈴木孝夫（2006）『ことばと文化』岩波書店，125ページ。
11 同書，126-127ページ。
12 この話は今から40年も前に大学生であった私が『時事英語』（研究社出版）誌で読んだものであるが，残念ながら，執筆者名，同誌の号番号，そして刊行年などは不詳である。
13 Trompenaars, F. & Hampden-Turner, C. (1998), *Riding the waves of culture: understanding diversity in global business* (2nd ed.), McGraw-Hill, New York, p.3.
14 こうした例は私の実務家時代に実際に自分自身でもよく見聞したことでもあるが，次の本にもその説明が詳しい。遠藤俊也・給田英哉（1992）『英国ビジネスガイド』有斐閣，32-35ページ。
15 クラップ，N. 著，藤沢英達訳（2002）『アラーが破壊した都市』朝日新聞社，279ページ。
16 同書，239-240ページ。
17 同書，166-167ページ。
18 池上嘉彦（1992）『記号論への招待』岩波書店，41-42ページ。
19 同書，43-44ページ。
20 同書，47-50ページ
21 Uniform Customs and Practice for Documentary Credits (2007 Revision)，一般的にはUCP600と呼ばれる。
22 同書，第3条，ただし，グローバル商業会議所日本委員会『ICC荷為替信用状に関する統一規則および慣例』の日本語訳による，20ページ。

23 『ICC荷為替信用状に関する統一規則および慣例〔1993年改訂版〕』，61ページでは以下の通りになっている。「"first class", "well known", "qualified", "independent", "official", "competent", "local"およびこれらと同様の用語は，信用状に基づいて呈示すべき書類の発行者を記載するために使用してはならない」。
24 Benjamins, A. G. (1987), *Benjamin's Sale of Goods 3rd ed.*, Sweet & Maxwell, Appendix (A), p.1618.
25 人口2億を超えるインドネシアの国語であるインドネシア語も，東アフリカ諸国で主流の公用語となっているスワヒリ語も，そのどちらもが，もとといえば，異言語民族間の貿易用の共通通商語，すなわちリンガフランカであったことを指摘しておきたい。詳しくは，拙論「グローバル取引における共通言語の特性─貿易取引とグローバル英語─」『同志社商学』第51巻第3号，2000年を参照のこと。
26 Skapinker, M. (2007), "Whose language?," *Financial Times*, November 8, FT. com, http://web.nickshanks.com/languages/english/global-ft.html, 2014年1月13日検索。
27 佐藤信夫（1993）『レトリックの記号論』講談社，112-114ページ。
28 Morris, C. W. (1938), *Foundations of the Theory of Signs*, University of Chicago Press.（内田種臣・小林昭世訳（1998）『記号論の基礎』勁草書房，9ページ。）
29 同書，52ページ。
30 佐藤信夫（1993）『レトリックの記号論』講談社，51ページ。
31 『朝日新聞』1989年12月7日，4ページ。
32 亀田尚己・山本康隆（1991）『最新ビジネス英語を書くコツ』研究社出版，12-13ページを一部修正・加筆。
33 恩師尾崎茂先生（1899～1990）は，1927年にコロンビア大学大学院を終了，その翌年に青山学院高等商業部教授に就任し，爾来1968年に青山学院大学を退職し，1972年に同大学名誉教授，1990年に昇天するまでの60年間にわたり，わが国のビジネス英語研究と教育に全身全霊をささげられた。戦前の日本商業英語研究会創立者の一人であり，同会の幹事，常任理事，代表幹事を歴任し，同研究会が現在の日本商業英語学会になってからは23年間を理事，9年間を理事長，その後同相談役として，学会の発展のために貢献された。月刊誌 *Business English & Correspondence*（1933～1943）とその姉妹誌 *Business English*（1955.6～1983.12）の編集長として，幾多の困難を乗り越えその発行を続け，多くの日本人グローバルビジネスマンに光明を与えたのである。また，同誌は大学教員への登竜門ともなり，多くの研究者や教員を世に送り出すとになった。その功績も大きいといわなければならない。You-Consideration は，尾崎先生が，西田哲学や鈴木大拙の禅の思想をもとにして独自に開かれた「商英哲学」（先生は，ビジネス英語あるいは商業英語を「商英」と好んで用いられていた）である。You-Consideration に関しては，拙論 You-Consideration vs. You-Attitude,『日本商業英語学会研究年報』第51号，1992年，69-78ページを参照のこと。
34 De Mente, B. L. (1994), *Japanese Etiquette & Ethics in Business* (6th ed.), Chicago, NTC Business Books, p.165.
35 亀田・山本，前掲書，40ページ。
36 Griffith, D. W. (1975), 商英セミナー Senior Course 第29回解説，『商業英語』東京，商業英語出版社，27ページ。

第4章
Business English as a Lingua Franca の現在，過去，未来

　前章までは，グローバルなビジネスコミュニケーションの原理，そこで使われる英語の問題点と，グローバルビジネスコミュニケーションの本質について検証してきた。しかし，ここで少々角度を変えて，現在グローバルビジネスコミュニケーションの主要な手段となった英語そのものについて詳しく検討を加えたい。

　後で詳しく述べるが，英語はそもそもヨーロッパ北西部の小さな島国の言語として誕生した。その後幾多の歴史的変遷を経て，新大陸から全世界へと広がり続けていった。そして今日，英語は国際共通語として，新しい地位を獲得するに至っている。この間，英語は姿を変え，その存在意義を変え，新たな問題を我々につきつけるようになっている。本章では，この変遷の過程を追いつつ，社会言語学の知見を借りながら，今日グローバルコミュニケーションの用語として使われる英語の姿に迫ることとする。

I　英語の位置付けと役割の変化

1. 英語の歴史的位置付けとその変遷

　世界中で話されるようになった英語は，いかにして今日の地位を占めるにいたったのであろうか。英語の今日的な位置づけを理解するために，それがたどった歴史を概観することにしたい。

　英語は，ヨーロッパ北西部に位置する島国－グレートブリテン島で産声を上げた。ドイツから移動し，現地に住んでいたアングロ＝サクソン人が話す言葉

を基に，ノルマン・フランス語，スカンジナビア諸語と混合しながら発展したと言われている[1]。著名な言語学者の田中克彦は，英語をして「アングロサクソン語とノルマン・フランス語の間に生じた一大ピジン（筆者注：混合語）」と呼んでいる[2]。

　古代から中世を通じて，英語は，ヨーロッパの周縁国としての歴史を刻んだイングランドと同等な立場しか与えられなかった。その時代，ヨーロッパにおいて国際共通語として使われたのは，古代ローマ帝国の遺産を継承したラテン語や，地中海沿岸諸国で交易言語として使われたリンガフランカ（Lingua Franca）であった。また，近世には，絶対王政のもと国力を伸張し，政治的，文化的な影響力を増したフランス語が，ヨーロッパにおける国際語の地位を継承した。

　一方で，英語は画期的な変化を経験している。16世紀，チューダー朝のエリザベス1世女王の治世に，イングランドはアフリカや新大陸の植民地獲得を通じてヨーロッパ政治の中央に躍り出る。また，同時期に生を享けたシェークスピア等によって，英語には文化的な豊かさが添えられた。

　以後，イングランドは，隣国のスコットランドやアイルランドと王冠の統合や連合を行い，今日の英国の原型となる連合王国となった（本書における「英国」はこの連合王国を指す）。また，17世紀，新大陸における植民地戦争においてフランスに勝利した英国は，巨大な海外領土を擁することになる。英語がヨーロッパの小さな島国の一地方言語から，海を越えて話されるようになった契機といえよう。

　しかしながら，18世紀のアメリカ独立戦争によってアメリカ合衆国（以下「米国」）が誕生し，英国は北米大陸の広大な領土を失うことになる。一方で，米国の独立は，地球上に英国以外の巨大な英語圏が誕生したことを意味する。このことが以後の英語の普及に大きな役割を負ったと言っても過言ではないだろう。

　19世紀，ビクトリア女王治世の下に，英国は「七つの海を支配する」「太陽の沈まない帝国」と呼ばれるほどの版図を獲得した（以下「大英帝国」）。ここには，後のインド，シンガポールやマレーシアなどの東南アジア諸国，香港，オーストラリア，ニュージーランド，カナダ，アフリカ諸国等が含まれ，これ

らの地域の支配層の言語として，英語が使用されることとなった。かねてから始まっていた産業革命が引き起こした技術の進歩と，それに支えられた経済力を背景に，世界の広大な地域が英国の影響下に置かれることになったのである。いわば英語の覇権が，この時代に築かれたのである。

　20世紀に入ると，カナダやオーストラリア等が平和裡にではあるが独立を始め，大英帝国はゆるやかに解体されていく。また，20世紀前半の2つの世界大戦により，英国は国力と国際的な威信を失ってしまうことになる。そして，英国の地位を継承したのが，世界大戦を経て相対的に力を強めた米国であった。

　1945年の第二次世界大戦終結後，米国はかつての敵国であった日本までをもその影響下においた。日本における英語の受容は，19世紀後半の幕末から明治維新の頃にすでに始まっていたが，敗戦後の米国の支配，影響は，その後の日本の道のりに大きな痕跡を残している。

　その後，世界は50年余りにわたって，資本主義陣営を率いる米国と，共産主義陣営を率いるソビエト連邦の対立の構図－冷戦－に組み入れられることになる。が，その冷戦も，1990年代のソビエト連邦の崩壊によって終結し，米国は唯一の超大国としての地位を確立する。米国の政治的，経済的な影響力は，文化や芸術，学術の方面にもおよび，英語もそれに伴ってますます多くの人々に使用されるようになっている。また，かつての大英帝国の版図にあった諸国は，帝国解体後も英連邦と呼ばれる一種の国家連合を形成し，今日にいたっている。これらの国々では，英国の植民地支配が終結した今でも，英語が国家の経済，行政，文化の重要な部分で使用され続けている。こうした国々が，最大の英語使用国である米国と並び，今日の英語圏を構成する重要な要素となっている。

2. カチュル（Kachru）の英語世界観と「英語格差」への恐怖

　英語圏は，さまざまな地域を組み込みつつ発展してきた英国や米国の歴史と同様に，決して一様な存在ではない。英語は，普及した地域の実情や文化を反映させながら世界に広がり，現在では各地で多様な姿を見せるようになっている。クリスタル（Crystal）は，カチュル（Kachru）の著作を引いて，英語圏

は同心円状の3つの層から成り，それぞれの層では英語の受容の過程と現在の使用状況が異なっているとしている（図4-1）。

中心部に位置する第一の円は，「インナーサークル（inner circle: 内側の円）」と呼ばれる。ここには伝統的な英語圏諸国－英国，米国，アイルランド，カナダ，オーストラリア，およびニュージーランド－が含まれる。イングランドの主要な海外植民地として歴史をスタートした国々が含まれる。ここでは，英語は主要な言語の位置を占め，英語の基本的な語法や用法はこれらの国々で生み出されてきた。これらの国民は英語の母語話者であり，いわゆる「ネイティブスピーカー」（以下「ネイティブ」）とはこれらの人々を指す。

インナーサークルの外側に位置するのが「アウターサークル（outer circle: 外側の円）」である。インナーサークル諸国から文化的あるいは政治的な影響を強く受けた国，すなわちインド，シンガポール，マレーシア，フィリピン等，50を超える国や地域が含まれる。これらの国民は独自の母語を持つため，一般的に英語のネイティブスピーカーとは見なされない。が，彼らの生活にお

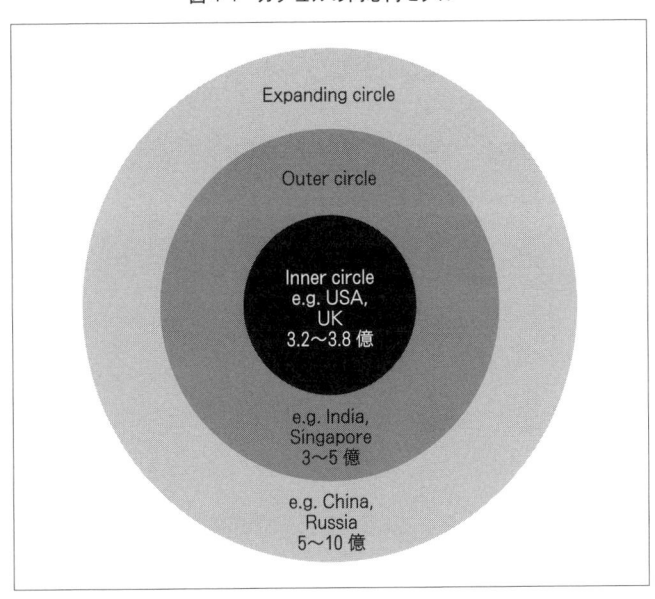

図4-1　カチュルの同心円モデル[3]

Expanding circle

Outer circle

Inner circle
e.g. USA, UK
3.2〜3.8億

e.g. India, Singapore
3〜5億

e.g. China, Russia
5〜10億

いて英語は第二言語として、そして行政、教育、文学の分野の重要な言語として使用されており、英語が占める位置と果たす役割は大変重要である。ここで使用される英語は近年独自の発展を遂げており、かつ英語圏の中でも存在感を増しているとして注目を集めている。

上記の2つの円(インナーサークルとアウターサークル)は、先に述べた今日の英語圏を構成する2つの要素－米国と英連邦諸国－とほぼ重なっていることに注目されたい。カチュルが描く英語圏の構造は、英語が世界に広まった歴史的な過程を忠実に示しているのである。

カチュルの同心円的な世界観の中で異彩を放つのが、もっとも外側に位置する「エクスパンディングサークル(expanding circle: 拡張する円)」である。ここには、インナーサークル諸国からは植民地支配を直接受けたことがない、もしくはそれらとは歴史的につながりの薄い諸国、すなわち日本や中国、韓国、ロシア、ブラジル等の、アジア、ヨーロッパ、アメリカの非英語圏諸国が含まれる。これらの国では、英語は外国語として話されるに過ぎない。

しかしながら、20世紀に入ってフランス語やロシア語の相対的な地位が低下し、代わって英語の地位がゆるぎないものとなったこともあり、これらの地域における英語学習者や英語話者の数は急速に増加している。このことは、「エクスパンディング(拡大しつつある)」という名に如実に示されている。ここでは、英語は観光、外交、ビジネスの言語として大きな役割を果たす。これら3つのサークルの特徴をまとめたのが表4-1である。

ある試算によれば、1998年に60億人に達した全地球人口のうち、15億を超

表4-1 カチュルの同心円とその特徴[4]

	普及の原因	習得のパターン	英語が使用される場面	該当する国
インナーサークル	母語話者の移住	母語として習得	すべて	例)英国、米国、カナダ、オーストラリア、ニュージーランド
アウターサークル	英国による植民地化	第二言語として習得	行政、教育、文学	例)インド、ケニア、シンガポール
エクスパンディングサークル	グローバル化	外国語として習得	観光、外交、ビジネス	例)中国、日本、ヨーロッパのほとんどの国

える人々が、何らかの形で英語を使用していたという[5]。ちなみに国連統計によれば、2014年初頭の世界総人口は71億5千万人に達している。世界の言語を話者数でみれば、13億人に達する中華人民共和国の全人口と各地に広がる華僑が話す中国語も巨大な言語ではあるが、使用する人々と地域、文化の多様性において、英語は他の言語の追随を許さないといえよう。また、エクスパンディングサークルの急速な拡大が、英語話者の増加をさらに後押ししている。

　この3つの同心円の中で、伝統的に模範とされてきたのは、インナーサークルの英語である。かつて世界のほとんどの英語学習者は、最終的にインナーサークルの英語を習得することを目的としてきた。特に、19世紀に世界を席巻した大英帝国と、20世紀に唯一の超大国としての地位を確立した米国の、政治的、経済的、文化的な影響力を考えれば、インナーサークル－特に英国と米国－の英語が世界中の規範とされたのは無理もないことである。

　しかし、このように帝国主義的色彩をもって世界に広がっていったインナーサークルの英語に対しては、根強い反感も生み出されてもいる。鳥飼は、国際的な交渉や会合の場で英語が使われるようになった歴史的な背景に言及しながら、英語の積極的な使用は、ネイティブや英語上級者を有利な立場に置くばかりで、「英語格差」が広がっていくという危惧を露わにしている。また、人は誰でも外国語よりは母語の方が感情や思考をよく言い表せるから、ネイティブスピーカーは常に有利な立場に立つ、とも言っている。したがって、近年注目を集めている日本企業の英語公用語化は多くの懸念があるとしている[6]。

　カチュルが同心円状に描いた英語圏の図式は、長らく至るところで引用されてきたが、近年になって批判を受けるようにもなった。この図式では、年々重要性と影響力を強めるアウターサークルの英語の姿を捉えきれないし、またエクスパンディングサークルに属する非英語圏のヨーロッパ人学習者が、ネイティブに匹敵するほどに英語運用能力を高めつつあることもうまく表わすことができないからである[7]。つまり、グローバル化された世界においては、英語を第二言語や外国語として話す非母語話者（以下「ノンネイティブ」）という捉え方自体が意味をなさず、従って重要になるのが英語の運用能力の差による区別なのである[8]。

　これらの批判を受け、新たに提唱されたのが、英語運用能力によって人々が

分類される新たな同心円状の概念図である（図4-2）。この図でも中央はインナーサークルと呼ばれるが，カチュル自身が提唱するところによれば，「インナーサークルに属する人々は，今となっては高い英語運用能力を有する人々，と表現する方がよい」のである[9]。そして，インナーサークルの外側に，英語運用能力の差によって区別された人々が，国籍や出身文化を問わず，まるで玉ねぎの皮が層をなすように配置されていく。

　これは，英米の植民地としての歴史の有無や，国・地域単位での英語の使用状況が層を分ける基準となっていた旧来の図とは一線を画している。個々人の英語運用能力の差が，ここに描かれる英語圏世界における立ち位置を決めるのである。新たな図においては，誰が権威を持つかということは明確には示されていない。が，中央に近いところに立つ人ほど，英語圏での活躍が見込まれると見ることも可能である。鳥飼が予見した英語格差が，皮肉にも如実に表されているのが，新たな同心円図であるとはいえないだろうか。

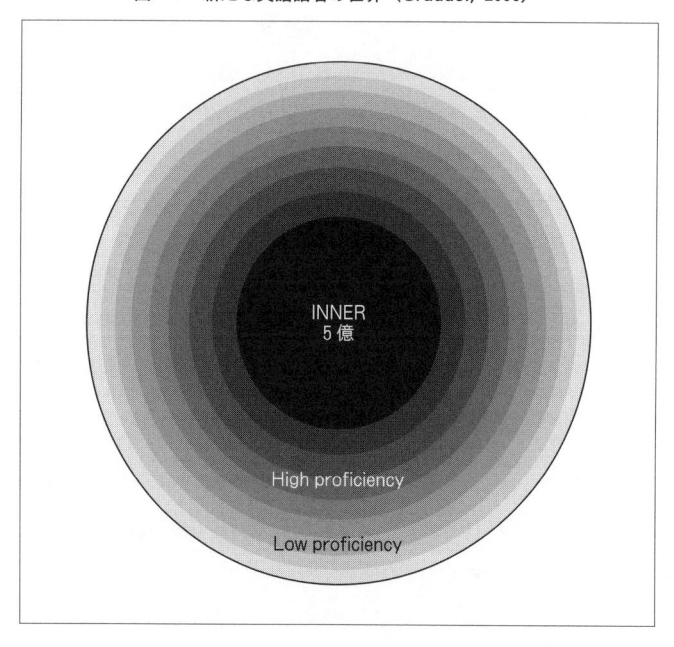

図4-2　新たな英語話者の世界（Graddol, 2006）[10]

3. World Englishes と "Easternized English"

　各地の文化と実情を反映しつつ広がってきた英語には，今やたくさんの変種が生まれ，驚くべき多様性を示している。一般的には，アメリカ英語やイギリス英語のような，カチュルの示すインナーサークル内の変種がなじみ深いが，英語は今やアウターサークルやエクスパンディングサークルにおいても独自の進化と発達を遂げている。

　インナーサークルの外側でノンネイティブが話す英語については，従来からたくさんの研究が行われてきた。特に，「世界英語（World English "es"）」という概念が近年注目を集めている。カークパトリック（Kirkpatrick）によれば，世界英語とは，「ローカルの，ネイティブ化された英語の変種で，各地の文化的あるいは現実的な規範を反映しながら発展してきたもの」とされている[11]。したがって，世界英語に含まれるのは，従来のアメリカ英語やイギリス英語はもちろん，オーストラリア英語，ニュージーランド英語，南アフリカ英語，シンガポール英語等，世界各地で使用される英語変種すべてである。そのことを反映するように，世界英語という概念は，英語においては単数形ではなく，複数形を示す語尾 -es を添えて示されるのが通例である。

　世界英語の概念は，いろいろな側面から議論されている。ボルトン（Bolton）は，英語学，社会言語学，応用言語学等のさまざまな観点から分析し，世界英語という概念が登場した背景には，アメリカ英語やイギリス英語を含むインナーサークル英語の支配に対する批判があった，と述べている[12]。世界英語提唱者の中には，かつて二流だといわれていたアウターサークルやエクスパンディングサークルのすべての英語変種に同等の地位と独立を与えるべきだと主張する者もいる。このような考え方のもとでは，駄目な英語の典型と言われる「ニホンジン英語」は，英国の上流階級が話す「クィーンズイングリッシュ」と，その地位と尊厳において何ら変わりはないということになる。

　このことに関連し，著者の1人である佐藤には忘れられない思い出がある。交換留学で暮らしたオーストラリアの大学の寮で，ある朝，中国系マレーシア人の同級生とすれ違ったときのことであった。英語の他に広東語とマレー語を話す彼が，すれ違いざま "Have you eaten?（もう食べた？）" と英語でたずねたのだ。思わず "Eat what?（食べたって，何を？）" と聞き返すと，彼は

"Oh, I just wanted to say 'hi'（いや，あいさつしたかっただけだよ）"と，微笑みながら去って行った。

それから何年も経って，中国には Have you eaten? に相当する「你吃饭了吗（ご飯食べた）？」というあいさつが存在し，"Hello"や「こんにちは」と同様の場面で使われるということを知った。つまり，かの友人は，マレーシアの中華系文化圏で当たり前のあいさつを，英語で発しただけなのであった。彼のこのあいさつに対する返答は，単に"Yes, thank you. And you?（うん，食べたよ。君は？）"ということだけだったのだ。

また，多様性は語彙や文法のレベルを超えて，レトリック（修辞法）にまで及んでいる。英米由来のインナーサークル的な英語の特徴は，(1)古代ギリシャの哲学者アリストテレスに由来するレトリックに則り，演繹的に議論を進め，(2)明確に自分の意見を述べることを志向し，個人主義的で，(3)キリスト教とその哲学の影響を色濃く受けている，と説明できるであろう[13]。よって，例えば香港の現地人警察官が，英国出身の上官に休暇の申請をする際に，英米由来のレトリックを用いると，

警察官：Could I take a day off please?（休暇を取ってもいいですか）
上　官：Why?（何故だね）
警察官：My mother is not well....（母の体調がよくないのです）

というやりとりが交わされることになるだろう[14]。

一方で，これがもしアジア的レトリックに基づいて交わされたなら，

警察官：My mother is not well, sir.
　　　　（上官殿，母の体調が思わしくありません。）
上　官：So?（だから？）
警察官：She has to go into hospital.（病院に行かなければなりません）
上　官：Well?（それで？）
警察官：On Thursday, sir.（木曜日です）

ということになるはずである[15]。上記は中国人の発話を例に取っているが，まずは周辺状況の説明から本題に入っていくという論法は，日本人にとっても馴染み深いものである。このようなレトリックは，たとえ使用言語が英語であったとしても，固く維持されることが観察されている。

ここで明らかになっているのは，ノンネイティブが自身の文化を色濃く反映させながら，ある意味において自由に英語を使っていることである。この自由さが意識的なのか否かは分からない。このようなノンネイティブによる自由で創造的な英語の使用は，インナーサークルでは不適切もしくは誤りとしてレッテルを貼られるかもしれない。しかし，このような英語使用の広まりは，インナーサークルと無縁の場所で英語話者が急速に増えつつある現状では，もはや避けようがないといえよう。

また，ノンネイティブが近年になって急速に経済力や社会的地位を高めていることも，英語の多様化を促進させる要因になっている。上述したように，ノンネイティブは自分の文化を色濃く反映させた自由で独創的な英語を，自国以外の場所－国際的な会議や取引の場面－でも使用するようになっている。かつてはこのような英語に対し侮蔑を寄せたネイティブも，相手のノンネイティブが自分より学歴が高く，より大きな企業の経営者で，また社会的地位の上では同じか，より上に立つ人物である場合，もはや口をつぐまざるを得ず，また英語の多様化という現実を受け入れなければならない[16]。かつてのイギリス英語とアメリカ英語の立場の逆転がわずか50年程度で起こったことを考え合わせれば，これは充分に現実的なシナリオである[17]。

II BELF (Business English as a Lingua Franca) とは何か

1. Lingua Franca としての Business English（BELF）の定義

ノンネイティブ同士が英語でコミュニケーションをはかるようになればなるほど，共通語としての英語－English as a Lingua Franca（ELF）－の重要性はいや増していく。そもそも ELF とは，ジェンキンス（Jenkins）によれば，

「母語が異なる同士の英語によるコミュニケーションの一手段」とされる[18]。「母語が異なる同士」にネイティブスピーカーを含めるか否かは専門家の間でも議論が分かれるところではあるが，ノンネイティブ同士が使う英語を指すことについて見解の相違はないようである。

　しかし，ELFの概念は，一見して矛盾をはらんでいる。というのも，前項で述べたように，もしネイティブだけが英語によるコミュニケーションを十分にはかることができるのであれば，英語が不自由なノンネイティブ同士が英語を用いる意味はどこにあるのだろうか。互いの母語が異なるなら，少なくとも一方がネイティブであるどちらか一方の母語を用いる方がいいのではないか。ELFのような概念は，なぜ存在できるのであろうか。

　答えは，カチュルの同心円の定義そのものにある。上で述べたように，現在の世界の英語話者が最も急速に，かつ最も大量に増えているのはエクスパンディングサークルの非英語圏諸国である。つまり，日本，中国，タイ，ブラジル，大陸ヨーロッパ等で，英語を使う人々が増えているのである。ここでは，英語は外国語として使用されているに過ぎないが，主要な外国語として，初等教育から高等教育までのカリキュラムに組み込まれている。また，特筆すべきは，これらの地域では従来はインナーサークルのネイティブと商売や交流をするために学ばれていた英語が，インナーサークルの外側に位置する，母語の異なる人々と広く交わるための共通語（Lingua Franca）として学ばれるようになってきた，ということである。

　このことは，近隣諸国との政治的，経済的，文化的なつながりを強めつつある日本の状況を見ても明らかである。かつては米国やソビエト連邦などの陣営に属することを余儀なくされていた日本，中国，韓国，台湾は，現在では互いの協力なくしては成り立たないほど関係を深めている。これらの国々からビジネスパーソンが集まったとき，日本語や中国語，韓国語など，いずれかの母語が使われることは容易に想像がつくだろう。

　しかし，本名は，日本の大学教員のグループが中国国内のいくつかの大学を視察したとき，中国人の学生たちが日本人教員に英語であいさつをしたことを例に引き，「現代の中国人大学生にとって，英語は国際交流とより高い所得をもたらす雇用に不可欠な言語として認識されている」と述べている[19]。この例

は，先に引いた新たな同心円状の英語圏世界が示す過酷な現実と一致している。すなわち，現代中国の文脈においても，英語運用能力が低い人々は，社会的，あるいは職業的な成功からますます遠ざけられていくかもしれない，と考えられているということである。

こうして，インナーサークルの外側の人々は，より良い未来への切符として英語を積極的に用いるようになった。かつ，彼らにとってインナーサークルとのやり取りは以前より重要でなくなっている。このような影響を受け，ELFの文脈においては，インナーサークルの住人たち，つまりネイティブの立場と，彼らが供給する英語の規範の影響力は，相対的に弱まっているといえるであろう。

ELFにはいくつかの種類が存在し，特に国際商取引で使用されるELFは，Business English as a Lingua Franca（BELF）と呼ばれる。BELFは以下のように定義される。

- ビジネスパーソンの間で共有される「中立的な」コミュニケーションのコード（code）である。
- 誰の母語でもない。よって，グローバルなビジネスコミュニケーションにおいてBELFを話す（使う）者は，ノンネイティブや学習者としては扱われない。[20]

この定義において特徴的なのは，BELFは誰にとっても母語ではなく，よってBELFの使い手は本質的に平等で，ノンネイティブもしくは学習者という（ある意味において下等な）扱いを受けることがない，ということである。コミュニケーションの手段としての中立性が強調されているのも特徴的である。このことは，ノンネイティブがインナーサークルの英語－アメリカ英語やイギリス英語－を学ぶとき，語彙や発音に加え，レトリックや文化的な背景に対する理解と習熟が求められ，いつまで経っても一人前になれない感覚に襲われるのとは，一線を画している。

BELFを始めとする国際共通語としての英語を推進する立場は，一見して「英語支配」を追認する姿勢に見える。が，それとは裏腹に，英語をインナー

サークルの支配から「解放」するという命題が含まれていることも見落としてはならない。なぜなら，BELFにおいてはネイティブが存在せず，すべての話者が自らの多様性を保持しながら英語を使用することが是認され，かつ求められてもいる。この中では，上述のように，インナーサークル出身のネイティブ達の権威と存在感は相対的に低下するからである。

BELFを始めとする国際共通語としての英語には，ネイティブの側からも批判が寄せられている。上述のように，ELFがネイティブによる英語の支配を否定し，英語コミュニケーションにおけるネイティブの権威や地位を相対的に下げるのであれば無理もあるまい。また，ELFが宿命的にはらんでいる「母語話者がいない」ことに起因する「根なし草」的な側面も，その批判の背景のひとつである。例えば，このような批判のひとつは次のように述べる。

- ノンネイティブはネイティブと同程度に言語をマスターすることはない。
- 国際共通語としての英語は，どのような名前で呼ばれていようと無味乾燥で根無し草の言語である。それが通じるのは周りの皆が直感的にレベルを下げて話してくれるからであり，そういう英語を学んでいる人はそのことに気づかない。[21]

この主張に見てとれるのは，ネイティブとしての強烈な英語への所有権意識と，ノンネイティブへの優越感，そしてELFに対する蔑視である。先に取り上げたBELFの定義とは真っ向から対立する視点といえよう。

しかし，BELFを始めとするELFは，本当に根なし草的で無味乾燥な言語なのだろうか。カンカーンランタとプランケン（Kankaanranta & Planken）によれば，BELFは，それが使用される一定のビジネスドメイン（事業領域）を持ち，特定の分野の専門知識を基底に，かつ話者間の関係の長さに支えられている[22]。英語のような自然言語が，一定の国や文化圏において，伝統的な文化を基底に，ネイティブ話者の永続的な関係に支えられている図式と酷似している。その意味において，BELFが根なし草で無味乾燥な言語であるという批判は当たらない。

II BELF (Business English as a Lingua Franca) とは何か

　更に，BELF は，それを話す多様な価値観を背負う人々によって現在進行中で生み出されている新しい言語なのだという主張も存在する[23]。BELF はそもそも異なる母語を話す人々によって使用される言語であり，話者は各々の文化に根差す価値観を BELF によるコミュニケーションに持ち込む[24]。そのことが，BELF が使用されるコミュニティに，従来のインナーサークルとは異なった新たな文化を創出していく。このような視点から見れば，BELF が文化を持たない無味乾燥な言語である，という主張は全くもって妥当性を欠いて見える。

　加えて，ELF のような国際共通語としての英語使用に対してノンネイティブの視点から批判を加える人々の主張を詳しく検討しておきたい。彼らは，英語がコミュニケーション手段として用いられる，もしくは選択される状況を，「英語支配」や「英語帝国主義」等と呼ぶ。彼らは，英語が国際共通語の立場に納まったのは，多分に英語圏諸国（特に英国と米国）の政治的・経済的な力を背景とするものであり，決して世界の諸民族のコンセンサスによるものではない，と主張している[25]。

　このような不自然な形で現在の地位についた英語を国際共通語として使い続けることは，さまざまな弊害を生むとされる。第一に，英語話者と非英語話者の身分上，経済上の格差，すなわち「言語差別」が生じる。また，英語が学術や外交の上での重要な言語として用いられている現状では，ネイティブスピーカーに比べ，そうでない者が大きなハンディキャップを負うことになってしまい，英語話者の間でさえも格差が生じることになる。これと同様の主張を鳥飼も述べているのは，先述のとおりである。

　次に，英語の積極的な使用は，個人のアイデンティティや地域の伝統文化にマイナスの影響を与えるとされる。英語の使用は英語圏の価値観を普及させることに貢献するため，個人の民族的自我に負の影響を及ぼし，各地の伝統文化と民族的尊厳が冒され，深刻な場合には固有の言語や文化が消滅する場合もある。

　こういった事態を避けるための方策として，津田は，以下の３つを挙げた上で各々を検証している[26]。すなわち，① 母語主義の徹底，② 人工言語の使用，そして ③ 国際英語の使用，である。

第一の母語主義とは，すべての言語は本質的に平等であるから，個々の言語を尊重しようという主張である。この主義を採れば，すべての人が多数の言語を学ぶ負担が生じてしまうことは津田自身が認めているが，これは将来高機能の人工翻訳機が出現することで解決可能だとしている。

　第二の人工言語の使用とは，具体的にはエスペラント語の使用を勧めるものである。エスペラント語は，帝政ロシア領ポーランド出身のユダヤ人医師ザメンホフが，19世紀終わりごろに考案，発表した人工の言語である。津田は，政治的，経済的，社会的にさまざまな勢力と結びついている英語等の自然言語を批判し，真の言語平等主義を実現する手段として，エスペラント語の使用に並々ならぬ期待を寄せている。

　最後に，国際英語の使用とは，本章で取り上げているELFのように，国際的な共通語として用いられる英語の使用を指すが，これについても津田は厳しい批判を寄せる。すなわち，英語の「脱英米化」は英語支配が進展していく過程での自然な流れと位置づけながらも，英語が持っている世界支配的な覇権主義を見落としている，というのである。

　国際共通語としての英語使用を批判する人々は，言語差別が最大の問題点であるとしている。英語が話せるか否かは言うに及ばず，上手か下手かによって有利になったり不利になったりすることは，ある観点からは確かに問題である。

　しかしながら，この格差は，互いの母語を用いたとしても解消することはできない。なぜなら，彼ら自身の主張によれば，言語差別はその言語を話す人と話さない人，もしくはうまく話す人とそうでない人の間で生じるが，たとえコミュニケーションを(1)自分の母語に限定，(2)相手の母語に限定，(3)双方の母語の使用を許容するいずれの場合においても，当事者双方の言語運用能力が決定的な要素になることは変わらない。複数の言語を母語並みに話せるか，津田のいう高性能の人工翻訳機が完成しない限り，差別状態は解消されないのである。

　言語差別は，人工言語であるエスペラント語をもってしても解決できない。エスペラント語は，誰にでも学習しやすいようにさまざまな工夫が施されているとはいうが，インド・ヨーロッパ諸言語の特徴を強く持っている点は否定で

きない。また，この言語は誰にとっても母語でないため，結果的にエスペラント語の運用能力の有無や高低の差が新たな言語差別につながることも予想できる。いくら分かりやすい人工言語とはいえ，新たな言語を学ぶということは，自然言語を初歩から学びなおすことと比べても，それほどたやすいことであるとは言えまい。

　一方で，英語の使用については，やはり現時点での学習者の数が多いという点で，便益は大きい。「学習者の数が多いから」という理由だけで英語の使用を認めるのは現状追認に過ぎるとの批判があるが，母語主義の徹底，人工言語の使用のそれぞれの問題点を考え合わせれば，グローバルなビジネスコミュニケーションから英語を排除する合理的な理由は見当たらないと言えよう。

2. BELFの風景：日本，中国，フィンランド

　ここでは，BELFを実際に使用している3つの例を参照する。まずは，グローバル企業における英語公用語化が話題を呼んだ日本，日本と関係を深めている中国の事例を挙げた後，アジア的な視点を離れて検証可能なフィンランドの例を紹介する。

(1) 日本

　日本の企業における英語の重要性が喧伝されるようになって久しい。特に記憶に新しいのが，日本企業による英語公用語化である。これらの企業では，たとえネイティブが含まれていなくても，会議を英語で行う等の取り組みが行われている[27]。これに対し，英語支配や英語格差の観点から批判が加えられているのは前述のとおりである。この取り組みが奏功するか否かの判断を下すには，まだ今しばらくの時間が必要であろう。

　ここでは，同様の取り組みの成功事例をひとつ取り上げておきたい。その記号は，異なる文化的背景をもつ者同士が，英語を媒介に組織改革を行い，業績悪化から見事な復活を遂げた日産自動車株式会社（以下「日産」）である。日産は，わが国有数の自動車メーカーであるが，長年の経営不振により，1998年にフランスのルノー自動車と提携を結んだ。同時にCOO（Chief Operating Officer: 最高執行責任者）に就任したカルロス・ゴーン氏は，短期間に業績を回復させ，2005年にはCEO（Chief Executive Officer: 最高経営責任者）の

地位に就いた。業績向上の試みは現在も続いている。

　この事例で注目したいのは，英語の母語話者ではないカルロス・ゴーン氏と日産の社員が，英語でコミュニケーションを取りながら経営再建を成功させたという点である。ゴーン氏は，レバノン系ブラジル人の父とレバノン系フランス人の間の子として，1954年にブラジルで生を受けた。その後レバノンに移り，高等教育はフランスで受けたため，使用できる言語は数ヵ国語に上るといわれている[28]。ゴーン氏の他にもルノーから出向いた社員は多いようであるが，報道によれば，社内の会議等でのコミュニケーション言語としては英語が活用されている[29]。

　これは，英米の企業とは一線を画した企業風土を持つフランス発グローバル企業のルノーと，日本企業の日産という，英語を母語としない文化圏の企業同士が，英語を活用したコミュニケーションで成功した好例である。英語の使用がノンネイティブ同士のプロジェクトに負の影響を与えた証拠は，ここでは見つけることができない。

(2) 中国

　次に，日本にとって無視できない存在となった中国について取り上げる。中国は，2004年にアメリカ合衆国を抜いて日本の貿易相手国第一位になった。また，同じ中国語圏の台湾や，隣国の韓国が，日本の主要なビジネスパートナーとしての存在感を増している。東南アジア経済も大きな伸長を見せる中，日本とアジア諸国との経済的な結びつきはこれからもますます盛んになると予想されている。

　歴史的に世界文明の中心を自負する中国が外国語と本格的に出会ったのは，第二次世界大戦後のロシア語にさかのぼるのみである。英語の導入はその後始まったに等しいので，英語を使用する人口はまだ少ないのが現状である。

　しかしながら，新興経済圏BRICsの筆頭として，経済的，政治的に頭角を現しつつある現在の中国は，英語に対し「近代化と経済発展のための英語 (language for modernization and economic development)」および「国際交流のための英語 (language for international exchange)」という解釈を採っている[30]。国を挙げての科学技術および教育立国政策によって，英語教育にも相当の人的・物的資源が充てられるようになっており，語彙数の到達目

標としては大学の英語専攻では1万語，理工系は5千3百語，教員養成系では6千語と，大変高度な水準が設定されている[31]。また，英語学習者は3億人に達したといわれている[32]。

　加えて，中国の若き才能を巡る世界のビジネス界の動きにも注目したい。外国企業が中国でビジネスをする場合，中国の言語，商慣習，法律に不慣れなまま進出すると，失敗に終わるケースが多い。2000年の中国のWTO加盟である程度の環境は整備されたものの，やはり中国でのビジネスを成功に導くには，かの国の制度や習慣，言語に精通し，かつ他の先進経済圏の企業やビジネスパーソンとともに働ける人材が不可欠である。このため，米国企業の中には，英語圏でビジネスの教育を受け，最新の経営ノウハウを身に付けつつ中国国内のコミュニティとの橋渡しができる新たな中国人の集団を「New China」とよび，積極的に雇用しようとする動きが見られる[33]。

　このことは，これから日本人ビジネスパーソンが中国人の取引相手とコミュニケーションをはかるにあたって，中国語と同様に英語が重要な要素になってくることを示唆している。変化の激しい現代のビジネスでは，これまでに以上に国境を越えた共同作業（cooperation）や協働（collaboration）が重視され，プラットフォーミング，アウトソーシング，オフショアリングといった手法が活用されている[34]。

　グローバルな変化の波を受け，これからの日中2国間のビジネスにおいては，旧来のように，中国からは安い労働力と原材料を，日本からは最新技術と高付加価値製品を，という「途上国対先進国」型の構図は成り立たないであろう。むしろ，日本にとって長らく援助の対象国であった中国は，「脅威」，「顧客」，そして「競争相手」に変貌したと言っても過言ではない[35]。

　このように，日中ビジネスは，もはや2国間の閉じた貿易の中で繰り広げられるものではなく，より大きなグローバル経済体制の中の重要な一部分として機能していくことが予想される。よって，基本的には日中両国の人間が担うこの2国間の関係においても，日本あるいは中国固有の価値観のみならず，世界のさまざまな価値観や考え方がぶつかり合い，活用されていくことは多分に考えられる。また，第三国を加えた国際コンソーシアム案件も増加していくだろう。コミュニケーションの手段としては，日本語や中国語と同様に，英語の重

要性も上がっていくことが予想される。

(3) フィンランド

最後に，日本と同様に英語を外国語として使用する地域にありながら，国際間の共通語として英語を使用するようになったフィンランドの状況を簡単に紹介する。ルヒアラーサルミネンら（Louhiala-Salminen, Charles, & Kankaanranta, 2005）の報告によれば，もともとフィンランドが属する北欧地域では，国際間の共通言語として使用されていたのはむしろスウェーデン語か，もしくは北欧諸語の混合語[36]であるスカンジナビア語と呼ばれる変種であった。

北欧諸語はフィンランド語とは語族を異にしており，フィンランド人にとっては外国語であるが，学校教育に北欧諸語教育が組み入れられていることから，フィンランド国民は最低限の北欧諸語の運用能力は有しているといえる。実際に，スウェーデン語を母語とするフィンランド国民も数％程度おり，スウェーデン語はフィンランドの公式な第二公用語でもある。

しかしながら，昨今フィンランドを含む北欧地域の共通言語はスカンジナビア語から英語に取って代わられてしまっている。これは，北欧企業が英語をビジネス上の公用語として採用しつつあるからである。ビジネス上の公用語とは，具体的にはビジネスに関する文書や報告が英語で作成され，また部署間の折衝もほとんど英語で行われることを指す。

北欧の人々は，学校教育の影響もあって押し並べて高い英語運用能力を有するが，これほどの高度で専門的な外国語－英語－の使用は，彼らにとっても多大なプレッシャーである。競争が激しく利害が複雑に絡む国際的なビジネスにおいては要求される英語のレベルは非常に高く，特にここ数十年で件数が増えた国際的な吸収合併にからむ企業では，社員に対する英語公用語化のプレッシャーは相当なものである。

しかしながら，BELFの使用が企業経営にどのような影響を与えるのかについては，北欧においても未知数である。特にフィンランドの場合，取引相手が北欧の場合でも共通言語として使われるのはスウェーデン語か英語が多く，いずれの場合でも外国語であるからである。このような変数が加わると，フィンランド企業にとっては，社員が多少なりとも使えるスウェーデン語を選択するのは合理的であり，英語の使用が便益をもたらすのはビジネスが北欧外で行わ

れる場合に限られてしまうことがある。BELFがこの地域の企業経営にどのような変化をもたらすのか，これからが注目されるところである。

3. 英語の単一優勢言語化：高等教育の分野からの考察

　グローバルなビジネスにおける英語の広がりについては前章までで紹介したとおりである。ここでは，ビジネスと同様にグローバル化が激しい教育，特に大学等の高等教育の分野における英語の単一優勢言語化の状況について，アルトバック（Altbach）の研究[37]からそれを概観し，英語が共通語化するとはどういうことなのかを考えることとしたい。

　彼は，英語を21世紀のラテン語になぞらえる。英語は現在世界で最も広く学ばれている言語であり，非英語圏諸国の大学においても，また国境を越えて提供される学位取得のための課程においても，教育言語（媒介語）として重要な地位を占めている。また，国際的に権威のある学術誌は英語で発行されていることが多いが，多くの国の大学教員が研究業績をこれらの学術誌に投稿することで示すことを大学側から求められるため，事実上英語での執筆活動を余儀なくされ，また馴染みの薄い査読システムをくぐりぬけなければならない状況に置かれている。

　英語圏の研究者たちは有利な立場に立つが，非英語圏の研究者たちには大きなプレッシャーがかけられている。さらに，インターネット上の科学系，学術系のウェブサイトはほぼ英語で運営されており，まさに学術と科学の世界は英語に支配されているといって過言ではない。各種の英語教材がインナーサークル諸国－特に英国と米国－で出版され，グローバルな市場で販売されているという状況も，英語の一強支配に拍車をかけている。これらの要因が，多くの留学生を英語圏に引きつけているといえよう。

　英語を教育言語として用いている大学が存在するのは，インナーサークル諸国のみならず，シンガポール，エチオピア，英語圏アフリカ諸国，インド，パキスタン，バングラデシュ，スリランカ，マレーシアなど多岐に渡っている。エクスパンディングサークルの国々も徐々に英語を教育言語として用いるようになっているが，その目的は，国外からの留学生を増やすと同時に，自国民の英語運用能力を高め，グローバルな場で活躍できるようにするためである。日

本やオランダ，ドイツ，フランスなど，非英語圏の先進諸国も，この流れに乗りつつある。

ここで見たとおり，英語は，ビジネスのみならず高等教育などの面でその重要性をますます増している。そして，その動きはもはや歯止めが利かないほどになり，英語とともにインナーサークルの制度や仕組み，プログラムが輸出されている。世界は，英語の共通語化が進むにつれてひとつの方向に収斂しつつあるのだろうか。

Ⅲ　BELF がもたらす画一化と多様化

1. 英語がもたらす画一化と，拮抗する多様化への力

英語は，これまで見てきたように，世界をひとつの言語で結びつけようとすると同時に，世界の各地で多様化の道をたどり，地球をますますカラフルな場所にしようとしているようにも見える。この矛盾した力の作用を，マッカーサーは，「求心力」と「遠心力」という言葉で説明している[38]。

これまで見てきたように，英語が国際的な共通語として使われれば使われるほど，世界の差異は小さくなっていく。今やビジネスと学術の世界では英語は共通語といっていい。国際的な取引や，国境をまたぐ吸収合併案件は英語で折衝され，企業に関する文書や報告は，その企業がどの国にあろうと英語で作成される。学術の世界も同様である。今や英語はさまざまな大学で教育言語として用いられ，インナーサークル諸国はもちろんのこと，それ以外の国（非英語圏を含む）でも，英語で教授されるプログラムが設けられている。日本ももちろんその例外ではない。

国際的に権威があるとされる学術雑誌のほとんどは英語で刊行されるため，世界中の研究者や大学教員にとって，自らの研究業績を発表するために英語を用いることが標準になりつつある。こうして，インナーサークルのシステムが輸出され，各国のビジネスや学術の制度や仕組みは徐々に統一の方向に収斂しつつある。これは，上述の「求心力」に当たる。

一方で，英語は受け入れられた各地で多様化の一途をたどっている。イン

ナーサークル諸国が世界の富を集めていた時代は終わり，ビジネスの中心はその外側に移動しつつある。前世紀までは，インナーサークル諸国とビジネスを行うことが国際商取引の主目的であったが，今ではその外側同士のビジネスが目立って増加している。外側同士のビジネスパーソンは，互いの母語が異なるとき，英語を用いるようになった。ネイティブがいない場で，誰の母語でもない英語を共通語として用いるようになったのである。ここで交わされる英語は，インナーサークルの規範にとらわれない，自由で独創的な英語である。

　ノンネイティブが，自らの多様な価値観や文化を持ちこみながら，まるで新たな言語を創り出しているかのように，英語を共有する。こうして，英語はインナーサークルが管理・所有する専有物という立場から，世界の人々が共有するものへと変化した。国際共通語としての英語は，インナーサークルの人々の母語というくびきを離れ，新たで多様な言語として各地で変化を遂げていく。これが，上述の「遠心力」に相当する力であろう。

2. 多様化をめぐる難問：英語はラテン語の運命をたどるのか

　英語は，それが話されている地域の文化や価値観を色濃く反映させながら，多様化の道をたどっている。そして，世界の英語が多様化すればするほど，地域変種ごとの差異は大きくなる。イギリス英語やアメリカ英語など特定の英語を規範とする力は薄れ，地域変種そのものの権威が高まっていく。これが進展する先には，一体何が待ち受けているのだろうか。英語はこれからどのような発展を遂げるのであろうか。

　西ローマ帝国の言語であったラテン語がいくつかの言語に分裂したことは周知のとおりである。ラテン語は，古代ローマ時代を通じ，文明の中心地の行政や文化，宗教を担う言語として，周辺領域を含む帝国全域で使用された。5世紀に西ローマ帝国が滅亡した後もその権威は衰えず，中世から近代にかけて，キリスト教会およびヨーロッパの知識人階級の共通言語としての地位を保った。また，中世以降には，各地で独自の発展を遂げた俗ラテン語をもとに，イタリア語，フランス語，スペイン語，ポルトガル語などのロマンス諸語が形成されるにいたっている[39]。

　この構図は，現在の英語がたどっている道に酷似している。現代の世界で英

語が共通語として用いられ，母語が異なる人々をつなげる役割を果たしていることは明らかであり，これはかつてのラテン語とまったく同じである。一方で，世界英語の発展に見られるように，広い意味での英語圏においては，多様化を志向する力，すなわち遠心力が働きつつある。この過程もまた，俗ラテン語からロマンス諸語が生まれていった過程とよく似ている。英語が共通言語としての地位を強めれば強めるほど，各地の文化や実情に適応しようとする遠心力が働き，結果的にばらばらになってしまう運命をたどる。これほどの皮肉はあるであろうか。

英語がラテン語のような運命をたどるか，という命題については，これまでも多くの研究者が挑んでいる。その中でも，マッカーサーは，以下のような視点から，比較的楽観的な（すなわちラテン語化しないという立場の）意見を述べている。

彼によれば，英語はさまざまな意味においてかつてのラテン語に似ている。すなわち，国際的な共通語や標準語として使われる英語は，ヨーロッパ中世の学術言語としてのラテン語のように「幼児言葉」が存在せず，かつネイティブも存在しない。高い専門性と教養を有する人々が使う英語は，学術，マスメディア，ビジネス等いろいろな分野で記録され，伝達され，共有されていく。また，現代の印刷標準が，英語の姿を留める，すなわち英語の求心力を維持することにも大きく貢献している。

こういう状況の中では，英語が仮に各地域や各社会階層，職業集団に適応すべく多様化を進めていったとしても，互いに通じなくなるほど分離することは考えられない。今日ロサンゼルスとロンドンの英語が理解不能なほど分離していないのと同じように，各地の英語がバラバラになることはないというのが彼の説明である[40]。

マッカーサーの描写は，BELFの現実と理想に見事に合致しているように見える。BELFはまさにかつてのラテン語のように異なる母語の人々を結びつけ，共通のビジネスに関する専門知識に支えられ，かつ世界のビジネスパーソンが持ち込む多様な文化的価値観を受けて，インナーサークルを離れたところで盛んに使われている。しかも，メールや契約書，電話や国際会議等の多様なコミュニケーション手段を通じて盛んに共有され続けているお陰で，かつての

ラテン語が遠心力によって分裂した轍を踏むこともない。

　彼の主張が正しいか否かは，未来の研究者たちが評価することになるだろう。しかし，この構図を用いれば，BELFはこれから多様化，すなわち進化を遂げてはいくものの，世界を結ぶ求心力でもあり続けることになる。これこそが，BELFに期待される機能と役割ではないだろうか。

3. BELFはローカル言語を駆逐するか

　先に触れたグローバルコミュニケーションにおける英語使用を批判する立場においては，英語使用の症例は画一的な価値観の普及をもたらし，個人の民族的自我の形成や地域文化の維持にマイナスの影響を与えるという主張がなされていた。確かに，国際的な共通語として強烈な力を持つ英語の影響下に，ローカル言語の威信が脅かされてしまうことはある。

　実際にオランダでは，高等教育の世界で世界的に強まる英語の影響力に鑑みて，大学での教育言語を英語に変えてしまおうという議論が最近起こったほどである。結果的にはオランダ語を維持することになったが，英語で教授される課程はオランダで大変な人気を博している[41]。

　また，かつての大英帝国植民地であったパキスタンとタンザニアでは，独立後に英語の地位をめぐって国民的議論が行われ，植民地時代の残滓を一層するためにローカル言語の使用が奨励された。結局ローカル言語と英語の両方が公用語としての地位を確立することとなったが，国家が政策を以てローカル言語とそれに伴う民族的自我を保持しようとした例と言えよう[42]。

　しかしながら，英語を使用しながらもローカル言語を維持することに成功している，安定した多言語コミュニティも存在する。奇しくも本章で紹介した北欧諸国とオランダがその好例である[43]。これらの地域では，英語を学んだり使ったりするのは限られた目的（例えば英語でしか手に入らない情報を得るため等）についてのみであり，生活のすべての場面で英語が重要な地位を占めるということはない。ローカル言語を使うべき，あるいはそれしか使えない場面が歴然と存在するのである。

　よって，これらの地域では英語の使用が国民の民族的自我を脅かすようなことはない。人々は，英語とローカル言語の両方を自由に使い分けることができ

るのである。家庭のようなごく私的な場所で英語を含む複数の言語が使われることもあるが、決してローカル言語を駆逐することはない。

　我々は、オランダや北欧などヨーロッパの人々が英語を流暢に使うところを見て、「彼らの言語は英語に近いのだから当然だ」と感じることがある。だからこそ、逆に彼らのアイデンティティが英語によって脅かされることもあるということにはなかなか思いが至らない。ドーバー海峡や大西洋を越えて英語が流入するのを防ごうとするフランスの人々のことは知っているというのに、そのように感じてしまうのである。

　しかしながら、上記の報告から鑑みるに、各々が自分の文化に根差す価値観を大切にしていれば、共通言語として英語を使用しつつもローカル言語は保たれ、我々は複数の言語の間を何の矛盾も感じることなく行き来することができるようになるのである。

IV　BELFがグローバルビジネスにもたらす求心力と遠心力

　この章では、英語が歴史的にたどった変遷を概観することから始め、英語の位置付けの変化、BELFの定義と現状、そしてBELFを巡る数々の議論について検証してきた。そこで明らかになったのは、インナーサークルの英語とBELFでは、その意味と位置付けが全く異なるということである。

　世界の英語学習者は、長らくインナーサークルの英語を規範とし、ネイティブのような英語運用能力を身につけることを目指してきた。しかしながら、旧来のいわゆる先進諸国による経済支配の構図が崩れ去った今、グローバルなビジネスの世界では全く新しい動きが観察されている。すなわち、世界のノンネイティブが、自分たちの規範に則った新たな言語－BELF－を創出しつつあるのだ。

　BELFには、ネイティブとノンネイティブの区別が存在しない。それどころか、すべての人がノンネイティブとして使用することが想定されている。したがって、すべての人がローカル言語を保持し、インナーサークルの規範にとらわれない自分の文化的価値観を大切にすることが前提なのである。

しかしながら，BELFはビジネスに関する共通の専門知識によって裏打ちされ，文書やメディアによって記録され，グローバルなビジネスのコミュニティの間で共有され続けていく。その姿はかつてのラテン語に似ているが，古代や中世には存在しなかったテクノロジーの支えを受けているお陰で，違う道程を歩もうとしているようにも見える。BELFの求心力と遠心力のバランスがどう保たれていくのか，今後の研究が待たれるところである。

注

1 McCrum, R. (2010), *Globish: how the English language became the world's language*. New York, W. W. Norton & Company.
2 田中克彦（1980）『ことばと国家』岩波書店。
3 Crystal, D. (2003), *English as a global language* (2nd edn), Cambridge, Cambridge University Press, p.61.
4 Seargeant, P. & Swann, J. (eds) (2012), "The Three Circles of English and their attributes," *English in the World: History, Diversity, Change*, Abingdon, UK: Routledge, p.32.
5 Crystal, *op. cit.*, p.6.
6 鳥飼久美子（2010）『英語公用語化は何が問題か』角川書店，170ページ。
7 Graddol, D. (2006), *English Next: Why global English may mean the end of 'English as a Foreign Language*, British Council, Designed and produced by The English Company (UK) Ltd., London, p.110.
8 *Ibid.*
9 *Ibid.*
10 *Ibid.*
11 Kirkpatrick, A. (2009), *World Englishes, implications for international communication and English language teaching*, Cambridge, Cambridge University Press.
12 Bolton, K. (2009), "World Englishes Today," in Kachru, B., Kachru, Y. and Nelson, C. L. (eds), *The Handbook of World Englishes*, Oxford, Wiley-Blackwell.
13 Kameda, N. (2012), "Business English across nations and cultures: To be Easternized or not to be: that is the question," *Doshisha Business Review*, Vol.63, No.3, pp.985-998.
14 Kirkpatrick, *op. cit.*, p.25.
15 *Ibid.*
16 Seargeant & Swann, *op. cit.*, p.168.
17 *Ibid.*
18 Jenkins, J. (2007), *English as a Lingua Franca: Attitude and Identity*, Oxford, Oxford University Press, p.1.
19 Honna, N. (2009), "East Asian Englishes," in Kachru, B., Kachru, Y. and Nelson, C. L. (eds), *The Handbook of World Englishes*, West Sussex, Wiley-Blackwell, pp.114-129.
20 Louhiala-Salminen, L., Charles, M., & Kankaanranta, A. (2005), "English as a lingua franca in Nordic corporate mergers: Two case companies," *English for Specific Purposes*, 24(4), pp.401-421. doi:10.1016/j.esp.2005.02.003.
21 Claypole, M. (2010), *Controversies in ELT, What you always wanted to know about*

teaching English but were afraid to ask, Germany, Linguabooks, p.46.
22 Kankaanranta, A., & Planken, B. (2010), "Belf Competence as Business Knowledge of Internationally Operating Business Professionals," *Journal of Business Communication*, 47(4), pp.380-407. doi:10.1177/0021943610377301.
23 Meierkord, C. (2002), "'Language stripped bare' or 'linguistic masala'? Culture in lingua franca communication," in Knapp, K. & Meierkord, C. (Eds.), *Lingua franca communication*, Frankfurt am Main: Peter Lang, pp.109-134.
24 Louhiala-Salminen *et al., op. cit.*, p.404.
25 津田幸男（2003）『英語支配とは何か―私の国際言語政策論』明石書店。
26 同書，52-56 ページ。
27 Maeda, M. (n.d.) *Uniqlo, Rakuten make Official Language English*, (JCER Report). Retrieved from Japan Center for Economic Research website: http://www.jcer.or.jp/eng/research/pdf/maeda20100715e.pdf（2014 年 1 月 6 日参照。）
28 CNN http://edition.cnn.com/2006/BUSINESS/04/12/revealed.ghosn.biog/（2014 年 1 月 5 日アクセス。）
29 日本在外企業協会（2012）インタビュー 社内公用語は実質的に「英語」―グローバルな仕事に英語は不可欠『月刊グローバル経営』10 月号。
30 Honna, *op. cit.*, p.115.
31 祖慶壽子（2005）『アジアの視点で英語を考える』朝日出版社，98-102 ページ。
32 Honna, *op. cit.*, p.115.
33 フリードマン，T. 著，伏見威蕃訳（2006）『フラット化する世界 大転換と人間の未来 上』日本経済新聞社。
34 同書。
35 同書。
36 スウェーデン語，デンマーク語，ノルウェー語は，歴史的経緯から相互に似ており，互いにコミュニケーションが可能であるといわれる。
37 Altbach, P. G. (2007), "Globalization and the University?: Realities in an Unequal World," *International Handbook of Higher Education*, 23, pp.121-139. Retrieved from http://dx.doi.org/10.1007/978-1-4020-4012-2_8
38 マッカーサー，T. 著，牧野武彦監訳（2008）『英語系諸言語』三省堂，19 ページ。
39 ジュゼッペ・パトータ著，岩倉具忠監修，橋本勝雄訳（2007）『イタリア語の起源―歴史文法入門』京都大学学術出版会。
40 マッカーサー，前掲書，326-327 ページ。
41 Altbach, *op. cit.*, p.128.
42 Seargeant & Swann, *op. cit.*, pp.252-254.
43 *Ibid.*, p.260.

第 5 章
異文化コミュニケーションとグローバルビジネス

　21世紀に入り近年，グローバル経営と異文化問題を対象とした研究書が多く出版されるようになってきた。これは，何もわが国だけの傾向ではなく，世界的にみても異文化であるがゆえに生じるグローバル経営やグローバル商取引問題を扱った図書の出版が相次いでいる。いったいこの現象は何を意味するのであろうか。これまでグローバルビジネスといえば，国と国にまたがるグローバルな商取引や，事業拡大にともなう外国での現地経営というように，国を単位とした枠組みの中でとらえるのがふつうであった。

　しかし，現代では，それが複雑に入り組み，生産の海外移転のために，アジアのある国へ進出していった企業が，その地から欧米へ輸出をするというパターンだけではなく，その地で生産された製品が，アジアの近隣地域のみならず，その生産地における消費財市場にも販売されるようになり，かつまた我が国への逆輸入も年々増加の一途をたどっている。

　そのような状態になってくると，本社のある日本とその海外生産国という国際的な関係や枠組みだけではとらえられない現象に対応しなければならなくなってくる。海外進出先の地域事情を考えても，100％に近い同一人種からなる民族が同じような文化環境のもとで，同じ言語を使い生活している日本のようなほぼ単一民族，単一文化，単一言語のような国は，世界でも数少ない例外であることを知らなければならない。

　日本企業が海外へ進出していけば，当然に異文化の地である現地で諸種の経営問題に直面することになるが，異民族の従業員たちに如何に効率よく働いてもらうかが事業を成功させる鍵となる。「日系企業は生き残りをかけて苦闘している。その鍵は『現地人社員のやる気をいかに引き出すか？』という課題達成に尽きる。ところが，実際には現地人と日本人とのコミュニケーションがう

まくいかないケースがある。

その原因の多くは自社社員の現地人通訳にあるといわれる。そうした通訳は，込み入った内容の話を理解できないと，平気で誤訳をする傾向があるし，自分の意見を日本人トップの名前を借りて通訳することも起きる。さらには，自分が賛同できないことを日本人トップが言い出すと，まともに通訳しない場合もあり，さらに悪いことには，通訳自身が日本人トップに対して情報を意図的に操作することもある。その通訳が嫌っている他の現地人社員がトップに報告に来ると，報告の内容を曲解して通訳する危険性も出てくる。

このような状態では，現地人社員のやる気を起こさせる「異文化コミュニケーション力」はまったくといっていいほど機能しないといえる。異文化コミュニケーション力を発揮するための理想的な言語使用は，日本人社員と現地人とが共有できる共通言語を使用することである。以下，異文化にまたがる企業経営の中で同一言語を使用することのメリットについて考えてみたい。

I 異文化コミュニケーションとグローバル経営

1. 英語による異文化コミュニケーションの重要性

前節で述べたように，同一言語を使用するということは，何も英語のような共通言語を使うということに留まらず，相手側がそれぞれお互いの言語を使うことによっても可能である。しかし，本節では，英語の母語話者を相手に英語を使用する場合を含み，同一言語を使用するというのは，異なる国や文化の人々が協同で仕事をしていく（交渉や管理を含む）上で彼らが共有できる共通言語（具体的には英語）を使用する場合を想定して考えていく。

其々異なる心の持ち方や考え方をしている社員同士，さらにマレーシアなどのように複数の異民族からなる社員同士でありながらも，企業理念や経営目的を共有していかなければならない異文化経営においては，この言葉の共有化を図ることは何にもまして重要なことである。同じ職場で働く人間の共存意識を高めるために職場で同一言語を使用するということは，裏返していえば，海外子会社の経営において通訳を使うことにはデメリットがある，ということでも

ある。前節でも実例をみたように，一般的にいっても，通訳を使用する場合のデメリットは多い[1]。

通訳を使って意志の疎通がスムーズにいかないケースを分析してみれば，異文化コミュニケーションの疎外要因の実体が浮かび上がってくるはずである。次節では，そのあたりを詳しくみていくことにしよう。

これまで述べてきたような日本的ビジネス英語の問題を解決し，よりよいグローバルビジネスコミュニケーションを実践していくためには，日本的ビジネス英語になる理由をよく理解し，それに基づく方策を考え，実践していくことが大切になる。それは，単なるビジネス英語のレベルを超えた異文化ビジネスコミュニケーションの重要性に気づくことであるが，以下，その方法について説明していこう。

2. 孫子の兵法と異文化ビジネスコミュニケーション

「孫子の兵法」として名高い兵法書があるが，これは中国春秋時代（紀元前770年～同403年）の呉の兵法家孫武によるものとされている。ここ数年にわたりこの兵法書が経営全般にわたり役立つ経営戦略書として米国内でも経営学関係の本ではベストセラー入りを果たしている[2]。その兵法の中で代表的なものが，よく知られている「知己知彼，百戦不殆（己を知り，彼を知れば百戦危うからず）」であろう。「知彼知己者，百戦不殆」と彼と己が逆になり「者」が入る場合もあるが，同じ意味である。

外国人とのコミュニケーションを成功させるために最も重要な要素がこの一言にこめられている。先ず大切なことは，彼我の文化の間には違いがあるはずと自覚することである。その上で，第一のステップとして「自分を知ること」である。これは，自国の文化とコミュニケーションスタイルを知ることに他ならない。「自分の考え方と行動のパターンを理解することである。あなたのコミュニケーションスタイルが直接的（あるいは間接的）であるとき，なぜそうなのか。その原因は何なのか」[3]をよく考えてみることである。第二のステップは，相手を知ることである。相手の考え方や価値観，また態度や信じることなどにつきよく聞いて見ることである。相手はそれらの質問に対しすぐには答えられないかもしれない。しかし，すぐにお互いにその価値を悟ることができ

るようになる[4]。

　これらのプロセスを通して，お互いのコミュニケーションを成功させるためには，ときには相手のコミュニケーションスタイルに合わせること，またあるときは，自分の言うことに補足説明が必要になることを知ることが可能になる。その結果として，自分のコミュニケーションスタイルが主張→証拠→論拠→主張という三角形の論理になっていくのである。その意味からしても，この兵法の教えるところは大変に大きいものと言わざるをえない。

3. 文化により異なる言語表現の違いを知る

　我が国では公共施設で目にする看板や標記に「不可」すなわち，「～するべからず」や「～禁止」という表示が多い。各種商品や製品の取り扱い説明書や海岸や公園の看板には次のようなものがあるが，日本語では否定命令文が多いといえる。

- 乾いた布で拭かないで下さい
- 泳ぐべからず（水泳禁止）
- 入るべからず（立入禁止）

　それらに対し，英語では多くの場合に次のような肯定命令文が用いられる傾向があるように思える。

- Wipe the XXX with a dampened cloth.（湿った布で拭いて下さい）
- Swim at your own risk.（危険を覚悟して泳いで下さい）
- Keep off.（ここから離れていて下さい）

　おもしろいと思うのは，次項でも述べるように，同じようなことをキリストは，Do unto others as you would be done by.（人にしてもらいたいと思うことを，人にもしなさい）と肯定命令文で述べ，孔子は，「己所不欲，勿施於人」（人にして欲しくないことを，人にしてはならない）と否定命令文で述べていることである。

実際に，中国語のいろいろな注意表示には「不可」（するべからず）で始まるものが多いのに対して，英語では上にも例示したように Do（しなさい）で始まる肯定命令文のものが多い。異文化コミュニケーションでもあるグローバルビジネスコミュニケーションを考える場合に，このような彼我の間の言語表現の違いを知っておくことは大事なことである。それと同時に，このようなことを知っていると，外国人とのコミュニケーションにおいても，相手のスタイルに合った理解のしやすい言語表現を用いることができるようになる。

4.「相手中心志向」の考え方と良好な人間関係

　キリスト教の教えに「山上の垂訓」としてよく知られる黄金律というものがある。それは Do unto others as you would be done by（人にしてもらいたいと思うことを，人にもしなさい）と簡約される聖書の言葉である[5]。キリストがこの言葉を発したとされる年代からさかのぼること紀元前500年ごろに孔子は同じようなことを「己所不欲，勿施於人」（欲せざるところを人に施すなかれ）と論語の中で述べている。

　あえて不遜とも思える発言を許してもらえるならば，これら2つの尊い教えは，古代のように，その広がりに物理的な制約のあった文化圏や生活圏の中ではじめて成立する教えであったといえるかもしれない。なぜならば，そのように限定された時空間の中であれば，自分のして欲しいことは相手のして欲しいこと，自分がして欲しくないことは，きっと相手もして欲しくないこと，というイコールの関係が成立しえたのではなかろうかと想像できるからである。

　しかし，ますます狭くなるこの地球上で，異文化圏の人々が日々接触し，生きていかなければならない現代においてはこの教えがそのまま通用するとは限らないのではないかと思う。異なる文化や生活慣習を持つ相手との関係においては，自分のして欲しいと思うことが，相手がして欲しいと思うことに必ずしも等しいとは限らない。

　異文化社会の間でのコミュニケーションに望まれるのは，これらの教えを少し訂正した "Treat others as they would like to be treated－which may be quite different from the way you would like to be treated."（相手がして欲しいと思うとおりに相手にしてあげなさい。それは多分あなたがして

欲しいと思うこととは大きく異なっているかもしれない）というものになるのではないか[6]。

このような心構えは，とくにグローバル経営の場やグローバル商取引の場において活躍するグローバル・マネージャーたちに必要な能力といえる。なぜならば，同じ職場で働く外国人たちや，取引の相手である異文化の人々と良好な人間関係を築くこと，すなわち，異文化経営論の立場からは「他の人々たちとうまくやっていける能力は，グローバルビジネス［の成功］への重要なパスポートと考えられる」[7]からである。

5. 異文化コミュニケーションの疎外要因

異文化間で行われるグローバルビジネスの場において通訳を使用しても交渉の両当事者，あるいは上司と部下との間のコミュニケーションがうまく進まない場合を考察してみると，認識の問題にいきつく。いわゆる，よくいわれるパセプション・ギャップ（認識の隔たり）である。同じ言葉，あるいは同じ記号に対して人により，文化の違いにより，頭の中にそれぞれ異なる絵を描き，その結果として異なる反応を示すことであるといえよう。

「太陽の色」などは，そうしたギャップの好例かもしれない。欧米の多くの国々では，太陽の色は黄色が通り相場であるのに対し，我が国では子供達が幼稚園や小学校で描く太陽をみても分かるように赤色や朱色が一般的である。*What is the color of the sun? It's yellow.*（太陽の色は何色？ 黄色さ）というのは絵本のタイトルでもあるし，米国の外国人向けの英語テキストにも質問項目の1つとして登場する。

もし，日本の電気製品のメーカーとノルウエーの大手通販会社との間である製品のデザインに関する打ち合わせが電子メールで行われていたと仮定しよう。バイヤーである通販会社からその製品の色に関する指示が「太陽の色のようにして欲しい」というものであったとしたらどうであろうか？日本のメーカーによって作られる試作品の色がバイヤーを驚かせるであろうことは想像に難くない。

同じようなことが「月の影」についても言える。著者の1人である亀田は，異なる文化圏の人々はいったい月影をどのように見ているのだろうか，という

問題に興味を持ち，各地でその事例を収集したことがある。その結果は，すでに他書でも報告しているが[8]，ここでは，日本在住の外国人に「月の中に何が見えるか」を聞いた実例が数多く収録されている『太陽と月と星の民話』からそのうちのいくつかを紹介してみたい[9]。

韓国	ウサギが見える。ちょこんと立っている。
ブータン	月のおじいさんと女の子。
中国	ガマ蛙がいる。
台湾	ウサギが見える。天女がウサギになったという伝説がある。
英国	ハンサムな男の人がいる。
ドイツ	(1) 人間の顔だと聞いたことがある。(2) 月の男。
デンマーク	月の男。
ハンガリー	人の横顔。
ロシア	天秤の両側に水桶を担いだ人間がいる。
インド	腰の曲がったお婆さんが見える。
ケニア	アフリカでは，国や地域によっていろんな野生動物がいるというが，自分は象がいると教えられ育った。

このように各国それぞれで月の影が何に見えるかというイメージは異なっていることが分かるが，多くの場合，最後のケニアの例のように「～であると教えられ育った」というのが実際であろう。亀田には（多分他の大多数の日本人もそうであると想像するが）月の影は，どこの国へいっても「ウサギが臼で餅を搗いている」としか見えなかった。それ以外のものにはどうしても見えないのである。しかし，これさえも小さい時に親なり兄や姉なりから，そのように見えると「教えられて育った」からに違いない。

このように，ある物事を（あるいは記号を）異なったものと認識してしまう（相手の見方とは異なったものとして見て，考えてしまう）ことがビジネスの場での異文化コミュニケーションの疎外要因になるということは，十分に理解できえることではないだろうか。次節では，この認識ギャップについてさらに詳しく見ていくことにしよう。

Ⅱ　異文化間で起きる認識ギャップの原因

1. 認識ギャップの一般的な要因

まず，一般的な要因を考えてみよう。一般的な要因とは，文化の違いによりものの見方が変わるということではなく，個人的な考え方によっても，ものの見方は変わるものだ，ということを意味している。それには以下のような3つの問題領域が考えられるであろう。

(1) 自己中心的考え方

人は誰もが，我知らずのうちに，自己中心的な考え方をするものである。たとえば，世界地図がよい例であろう。日本人ならば誰しも，小学生の頃から教材として配布される地図帳を見て，世界地図というものは真ん中に赤く塗られた日本が位置し，その右側（東側）に太平洋，その対岸にはアメリカがあり，その左側（西側）にはユーラシア大陸が延びていくものと思うことだろう。しかし，ロンドンやパリで世界地図を求めても，そのような日本が真ん中に置かれたものはどこにも売ってはいない。

欧州で手に入る世界地図は，どれもが，英仏が真ん中に位置するものであり，この世界地図が過去数世紀にわたって欧州の人々の世界観を作ってきたのである。私たちの住む地を極東といい，東南アジアというのは，まさに彼の地から見て「極端な東」にあることを，そして「東南」の方角にあるアジアであることを示している。近東も中近東も同じことで，英仏の地から見ての「近く」や「中ぐらいの近く」にある東ということになる。それと同じように，オーストラリアは，英国からはるか遠い下の方にあるからこそ，Down Under（下々のあそこ）と呼ばれ，囚人遠島の地とされたのである。

このような英仏中心のものの見方や考え方を腹立たしく思うオーストラリア人たちは，「これこそまさに正確な世界地図（the corrective world map）」を描き，同地のお土産品として観光地で売り出すようになった。それは，オーストラリアが上半球のちょうど真ん中に位置し，自分たちを蔑んだ英国がはるかかなたの右下の方に位置しているものである。本来，地球は宇宙に漂う一惑

星であり，それには右も左も上も下も，東も西も，南も北も，何もない。それらの「決まり」を作ったのは自分勝手な人間たちであり，人間は自分を真ん中に置きたがる「自己中心的考え」を本能的に持っているのかもしれない。それがすべて自己中心的な認識をする基になっているのであろう。

(2) 全般的合意の欠如

我が国の日の丸は，1999年に法律で制定されるまでは法の下にある我が国の国旗ではなかった。法律として存在していたのは，1870 (明治3) 年の太政官布告の「商船規則」であり，同法によって日本の船に掲げる国旗と決められたのである。1999年の法制化以前は，我が国政府は，「日の丸を国旗とするのは国民的確信だ」という立場を採っていたが，それがここでいう「全般的合意 (General Agreement)」[10]であるといえよう。ところが，この「全般的合意」が有効である範囲は結構狭いものであり，日本人だからこそ，その全般的合意を理解しているに過ぎないことを私たちは，忘れがちである。

1950〜60年代の一時期にインドやインドネシアで暴徒たちが華僑の家屋敷を襲う事件が頻発したことがある。そのときにボンベイの日本人会の集まりで，インド人暴徒たちから自分たちの家が襲われないようにするためには，どうしたらよいか喧々諤々の議論がされていた。最後には，白い布や紙切れに赤い丸を記した「日本の国旗」らしいものをそれぞれの玄関先に掲げるようにしようということに意見がまとまりかけた。そのとき，某商社の若い支店次長が立ち上がり，「少し待って欲しい。その布切れや紙切れが日本の国旗だと分かるインド人たちは何人いるだろう。私は，そのようなものよりも，NO CHINESE. We are Japanese!! (中国人にあらず，日本人家族である！) というサインを掲げた方がはるかに効果的であると思う。彼らは英語が分かるから」と発言した[11]。

彼の発言は，まさに全般的合意はある一定の範囲を超えては有効ではないことを訴えるものであった。いったい私たち日本人の何人がインドの国旗を認識できるだろう。韓国やアメリカや，あるいは英国やカナダや，その他自分の好きな国の国旗は認識できえても，それら以外の約200ヵ国・地域に及ぶ国の国旗のうち，果たしていくつの国旗を私たちは認識できるだろう。「全般的合意の欠如」とはこのことを意味し，私たちは，自分たちが知っていることを，相

手もまた同じように知っていると思ってしまうところから認識ギャップが生まれていることに気がつかないことが多いのではなかろうか。

(3) 共有実体験の欠如

共有できる実体験の欠如からも認識ギャップは生じることになる。このことは以下のバーンランドの説明により容易に理解できるだろう。

「異なる家庭に育ち，異なる出来事に遭遇し，異なる理由で誉められたり怒られたりしてきた人々が，まわりの世界をまったく違って見ようとすることは何ら驚くべきことではない。産業資本家と農民が『同じ』土地を見ることはない。夫と妻は，『同じ』子供の将来を計画するのではない。医者と患者は，『同じ』病気について話し合ったりしない。債権者と債務者は『同じ』抵当権について交渉したりしない。本当の娘と継子は『同じ』母親に反応するのではない。各人がそれぞれの頭の中で描く世界だけが，その人が知っている世界であり，その人が語り，議論し，笑い，喧嘩しているのは，現実的な世界ではなく，この象徴的な世界なのである」[12]。

よくいう「住む世界が違う」という言葉にも表されるように，共有できる体験を持っていない場合には，話し合いの両当事者の一方である話し手がある言葉に託した意味が，聞き手にはそのとおりには伝わらないケースが多くある。それは，お互いが頭の中に描く絵は，それぞれの独自の経験によって大きく左右されるからであるといえる。それが認識ギャップを生むことになるであろうことは想像に難くない。

2. 認識ギャップの異文化による要因

交渉の両当事者，あるいは同じ経営体の内部における上司と部下が，それぞれ異なる文化圏の出身ということになると，これまで見てきたような一般的な要因のほかに，異文化であるが故の要因によってそれぞれの間に認識ギャップが生じ，そこで行われるビジネスコミュニケーションを難しくさせる要因となる。以下の3つの問題領域に共通するのは，文化の違いによって大小の差はあるものの，言葉の意味の範囲にズレが生じることになる，という点である。

(1) 文化により異なる言葉や記号の意味

異文化コミュニケーションの研究や，文化人類学の分野では，よく熱帯地域の

人々の時間感覚が取りざたされる。インドネシアには,「ゴムの時間(rubber time)」というのがあり,会議やパーティーなどの集まりが定刻どおりには始まらないことを意味するが,ASAPに対する反応などもそのよい例である。

ASAPとは,as soon as possibleのアクロニム(acronym)すなわち頭字語で,「できる限り早く」という意味である。しかし,このASAPに対し私たちが通常では1週間ぐらいの時間範囲を意味するような場合でも,彼らは,優に1ヵ月を超える時間範囲で反応してくることがしばしばある。

熱帯地域の国々といえば,さんさんと輝く太陽が目に浮かぶが,この太陽に対する感覚というものは,国によってかなり異なるものである。四季の変化に富み,稲作が重要な産業であった我が国において,農耕民族であった日本人にとって,太陽は万物の生命の源であったといっても過言ではないだろう。そのように太陽を大切なものとして崇め奉ってきた民族であればこそ,太陽神として天照大神をあがめてきたのである。また,その影響もあって,我が国では,「朝日や旭,太陽や日の丸は商品名に好んで使われるし,マーク,デザインにも多用される」[13]。

「しかし,一年中,砂漠の中で灼熱の太陽に苦しめられて生活するという文化を持つ人々にとって,太陽は日本人が考えるような,恵みを与える生命の源ではなく,まかり間違えば死を意味する呪わしき存在なのだ」[14]ということから太陽の印がついているような商品や製品はアラブ諸国では売れないのである。鈴木によれば,「日本人の持つ『初日の出』『ご来光』『お天道さま』『お日さま』といった,信仰ともいえる肯定的な感情は,アラブの人々にはまったく理解できない。彼らにとってこのように忌まわしき存在である太陽は,食品のブランドとしては最も不愉快な,マイナスのイメージ以外の何物でもなかったのである」[15]ということになる。

(2) 文化により異なる法律用語の意味

国際商取引や国際経営を意味するグローバルビジネスにおいては,「所有権(property)」,「会社(company)」,「契約(contract)」「負債(debt)」などという法律用語や概念が多く用いられる。こうした法的概念は,特定の法体系の下で意味を持ってくるのであって,法体系が異なれば,これらの用語の意味は異なってくる。そこから認識ギャップの問題が生じることになる。

たとえば，米国のビジネスパーソンは,「物的財産 (real property)」と「人的財産 (personal property)」の違いを承知した上で，これらの法律用語を使うのに対し，フランスでは，財産は,「不動産 (immovable)」と「動産 (movable)」という2つの範疇に区別される。このよく似た2分割のため，交渉の当事者は，フランスの「不動産」は米国の「物的財産」と同じだと誤解することがある。フランスでは，農場の家畜も農業機器も農場の「不動産」の一部であるが，これらは，米国でいう「物的財産」の範疇には含まれない[16]。

サラキューズは，こうした問題に対処するために，ビジネスパーソンは，① 相手の制度が自国の制度とまったく同じだと考えてはならない，② 自分が使う用語や概念が相手国にも存在すると考えてはならないし，相手の用いる用語や概念が自分のものとまったく同じだと考えてはならない，③ 話合いの法的意味を明確にするため，語句の定義をし，それが実際にどのように用いられるかの例を示すように努めなければならない，④ 大きな取引の場合，現地の法律に関する専門家に相談しなければならない，と提言しているが，どれもが正鵠を得ているといえよう[17]。

実は，こうした問題はわが国にとっても深刻なものとなってきており,「『日本の法律に信頼できる英訳がないのは問題だ』『このままでは経済のグローバル化にとても対応できない』——そんな危機感がグローバル商取引に携わる法律家の間で高まっている」という。「言葉の壁が外国企業や投資家の前に立ちはだかり，ひいてはそれが契約，出資，紛争解決など様々な局面で日本側の利益を損なっているという。司法制度改革論議の中でも，英訳作業に本腰を入れて取り組む必要性が指摘され始めた」と報道されてから久しい[18]。

(3) 文化によるズレの問題

「2001年9月11日」の事件以来，その年月日を表す語句自体が自由主義社会への許されざるテロ行為という意味を表すような使い方がされてきている。この「テロ (terror)」という言葉であるが，あのアメリカはテロによって築かれたのであるという見方がある。

すなわちイギリスに対する独立戦争は，いかなる定義によってもテロリストの攻撃であったというのである。あのフランス革命はまさにテロそのものであるとし，一般市民がテロに訴えて，既存の政体に暴力を行使した事例はいくら

でもあるという。それらのテロ行為はときに「自由への戦い」と呼び，昔のアフガニスタンで，親ソビエト・親共産主義の政府や，その後介入してきたソ連に対して，原理主義者たちが武器を手にしたとき，オサマ・ビンラディンを含むタリバンに属する多くの人たちは「自由の戦士」と呼ばれていたのである。私の敵を攻撃すれば「自由の戦士」と敬い，私を攻撃すれば「テロリスト」というのはあまりにもばかげている，という意見がある[19]。

このクラークの意見は，自分の文化にどっぷり浸かっている人々は，自文化内での価値規範だけが，そしてその価値基準にもとづく制度だけが正しいものと信じるようになってしまうことを暗示している。インドのカースト制は，その擁護者によって「神の定め給うもの」と言われ，その制度を攻撃することは自然法，理性，そして神の意志を攻撃するものとされ，反対の立場に立つものは，自由労働制こそが「神の定め給うもの」とし，奴隷制を自然法，理性，そして神の意志に反するものとした[20]，などはそのよい例であろう。

「今日では，資本主義的企業制度を信奉する人々は財貨の分配を組織化するかれら流の方法を唯一の適切な方法（傍点ママ）と見なし，一方，共産主義者たちは同様の熱情的確信をもってかれらの方法に固執する。この，自分の制度への忠誠ということは理解できる。いかなる文化においてもほとんどあらゆる人々が，自分の制度こそ合理的生き方への基本であると思っている」[21]といわれるとおりであり，社会学者たちは，これを「文化のズレ (cultural lag)」と呼んでいる。

これとは少し趣を異にする問題ではあるが，日米の経営者たちを対象にしたあるアンケート調査にも，不確実なものへの挑戦という人間の本能的態度の面における文化のズレ，あるいは認識のギャップが認められて面白い。野中とサリバンは，同じようなビジネス環境に対し，日米の経営陣たち (senior managers) はどのような見方をするか，という点についてアンケート調査を行った。

それによると，日本人の経営幹部はおしなべて，アメリカ人経営幹部よりも，まわりのビジネス環境を不確実なもの，確信が持てないものとみなす傾向があることが分かった。日本人マネージャーたちが彼らのビジネス環境を問題であると見るのに対し，アメリカ人マネージャーたちは，同じような環境を好機と判断する，というのである[22]。これは，ある対象に対する認識のギャップ

であるが，ある意味では，文化のズレと呼べるものであろう。この調査結果を発表した野中とサリバンは，この点に関して「社会的な現実の見方というのは文化に拘束されるものであって，情報処理や学習上の観点に大きな影響を与えるものである（A view of social reality is culture-bound and highly influences information processing and learning perspectives.）」と述べている[23]。

3. 認識ギャップの構図とその要因分析

(1) 感覚的な認識と規範的な認識

認識には，「感覚的な認識（sensory perception）」と「規範的な認識（normative perception）」とがある。感覚的な認識とは，現実をどう見るか，その見方を表すものをいう。具体的には，意味する（指示する）ものがメッセージの送り手と受け手の間で物理的に参照できえるものでありながら，そこにも不一致の起きる可能性が残されているものをいう。

規範的な認識とは，現実をどのように解釈するかに関わるものである。相手が自分の提供する資料を自分が理解するのと同じように理解するであろう，と思ってしまうときに誤解が起きる。そうならないためには，メッセージの送り手は，人は皆違った世界を見ているものと思い，送るメッセージを具体的にするように努め，重要事項を明白にし，またフィードバックを求めるなどの努力を怠らないことである[24]。

(2) 事実の報告と推論と断定[25]

一般意味論のバイブルともいわれ第1章でも紹介した『思考と行動における言語』によれば，報告・推論・断定の違いは以下のように説明される。

- 報告　　実証または反証可能
- 推論　　知られていることを基礎に知られていないことについて述べること
- 断定　　書き手の賛否を言うこと

同著の著者であり一般意味論の第一人者であるハヤカワは，第1章でもすで

に紹介したように，断定とは，「書き手が述べている出来事，人物事物についての自分の賛成・不賛成を言い表すこと（傍点ママ）」であると説明する。報告では「それは素敵な自動車だった」といってはならず，具体的に「それは5万マイルを走ったが一度も修繕したことがない」といわなければならないという。同じように「その上院議員は頑固で無礼で非協力的だ」，「その上院議員は勇敢に自己の信条を守った」のようなものも報告としていってはならず，そのかわりに「その上院議員の投票が，その法案に反対のただの一票であった」というべきである，と彼は勧めている[26]。

このハヤカワのいう「報告」のかわりに「断定」を用いて何かを書いたり，話したりすることも，認識ギャップの要因の1つといえるだろう。彼は，「報告」は実証または反証可能なものとしているが，上記の断定「それは素敵な自動車だった」は「それは5万マイルを走ったが一度も修繕したことがない」という報告によって実証されることになる。

それでは，同じような構造の「それは買ってから10年も経つが一度も修繕したことがない」からはどのような認識が生じるだろうか。この一文は，先のものと構造は同じであるが，論理的には大きく異なっている。すなわち，5万マイルを走ることはエンジンや車自体に負担をかけることになり，それでも1度も修繕したことがないというのは，確かに「それは素敵な自動車だった」ことであろう。しかし，もし10年の間，1ヵ月に1度しか，それも近距離しか，走らなかったとしたならば，当然に修繕の必要はないだろう。それらの事実が実証されたからといって，「それは（一度も修繕をしたことがない）素敵な自動車だった」という結論を導き出すことにはならない。

今ここに，コップがあり，それに半分水が入っているとしよう。その視覚の対象である「コップ半分の水」を人はどのように描写するだろうか。ある人は，それを「半分空になったコップの水」と描写するかもしれない。またある人は，それを「半分埋まったコップの水」と描写するかもしれない。これも認識の問題であるが，実際に企業のある時点での財務状況をこの「コップ半分の水」にたとえることも可能である。

経営者自身は，その財務状況を，これまで多くの紆余曲折はあったが，苦労してきてやっとここまで来たという喜びの気持ちで，認識することだろう。と

ころが，当人から融資の申し込みを受けた銀行の方では，その財務状況を全般の事情から考えて，危険水域にあるものと認識するかもしれない。前者は，現在の財務状況を，一時期悪かったときからコップに水を注ぎ始めやっと半分埋まった状況ととらえ，後者は，その一時期のはるか以前にはあれほどあった水がもう半分しか残っていないと認識するかもしれないのである。

認識とはつまり，このようにある状況を，時間の流れを無視し，静的にとらえることでもあるといえよう。その結果，同じものからまったく異なる結論が導きだされることになる。

この「ある与えられた状況をどのように認識し，行動するか」というのは，先の日本人経営者と米国人経営者のものの考え方の違いにも相通ずるところである。この認識の問題は，皮袋に半分だけ入ったワインを「おお，まだ半分残っている」と思える人は楽天家（楽観論者）であり，「ああ，もう半分しか残っていない」と思う人は厭世家（悲観論者）である，という，バーナード・ショウの言葉にもよく表れているとおりである。

(3) 恣意的な観察と判断

前節の終わりで，人間の解釈に影響を与えるものとして受信者の職業あるいはその専門分野があると述べたが，職業観に関して次のような話がある。

あるとき，医者，弁護士，牧師，そして自動車修理工の4人が街角に立っていた。するとそこで衝突事故が起きたのだが，事故について質問された4人の観察者は，みな其々異なる報告をしたのであった。

医者は，車に乗っていた人の怪我が気になり，その怪我が医学的にいってどの程度深刻なものか，などにつき報告した。弁護士は，衝突した車の其々の位置に注目し，事故の損害責任の査定に注意を払った。牧師は，事故にあった人たちの健康状態が気になり，その人たちが精神的な保護は必要ではないかを気にしたのである。そして，自動車修理工は，2台の自動車の損傷状態をみて，修理代を見積もり，両方の自動車ともに走れる状態に戻すのはかなり難しいな，と観察しその旨を報告したのであった。

この4人の観察者たちは，其々自身の過去の経験と自分たちの興味からその「事実」なるものを眺めたのである。各自は，すべての出来事から，彼ら自身が重要だと思うことを選択したのである。誰が本当に「自動車事故」という事

実をみたのか、あるいは何が本当に起きたのか、は確定できない。4人ともが、その出来事を自分自身の経歴と興味から構成したのである[27]。

このような恣意的な観察と、その結果の認識というのはかなり日常茶飯事のように行われえる話であるといえよう。そして、それがお互いの認識ギャップの原因となっているということは言を俟たないであろう。

Ⅲ　異文化間の認識ギャップを埋める方策

これまでみてきたような異文化間で起きえる認識ギャップを埋めるにはどのようにすればよいのだろうか。考えられる方策について述べてみよう。その方策とは、具体的にいえば、人に何かを伝えるときには、事実と推論と判断の区別をすることと、常に相手の立場に立ってものをみて、考え、その結果を口に出し、文章にするように努めることであるといえよう。

1. 事実、推論、判断を明確に区別すること

前節では、「事実」に対する恣意的な観察と認識の問題を論じたが、事実という言葉には人間の認識の介入を許さない冷厳で動かし難い客観性が存在するように感じられる。そのように冷厳で動かし難い事実を、いかに解釈するか、その解釈する過程に「認識」という段階があるように考えられ勝ちである。しかし、事実と解釈の関係を考えると、事実とはそのような冷厳かつ動かし難いものだけであるといえるのかという疑問が出てくる。次のような状態を考えてみよう。

「2人の人間が、今通ってきた道の模様について論争している。1人は、道に象の足跡があったと言い、1人はそんなものはなかったと言う。前者はジャングルの道に詳しく、後者はその点では素人である。象の足跡に詳しいジャングルの玄人にとっては、当然の事実である『道の上にあった象の足跡』は、素人にとっては、端的に、見えない。たとえ道の泥土のかすかな凹みは彼の網膜に写っても、それは見えたとは言えない」（傍点ママ）[28]。

このように人間の認識活動は、決して網膜に写ったことすべてから出発する

のではない。網膜上の知覚とそれとの脈絡の中で働く大脳の統合作用全体から出発するのである，といえよう。そうであれば，それによって得られる事実というものは，決して動かし難い客観性を備えていない。さらには，事実とは常にそのような統合作用による解釈を含んでいると，いわなければならないであろう[29]。

さきほどのジャングルの玄人をある文化圏の現地人にたとえ，素人を，その文化圏を訪問する，あるいは現地に居住する異文化からの外国人にたとえることが可能であると思う。つまり，現地人にはあたりまえのように見えることが，外国人には見えないし，たまたま見えたとしても，そこから生まれる認識は，現地のものとは大きく異なっているということがあるだろう。その対象事物や伝統的なものごとを現地の人と同じように「見て，感じて，考える」には，それなりの時間と異文化の受容者としての外国人側の努力が必要になる。

アメリカでは，小学校の授業から大学での教育に至るまで繰り返し，繰り返し事実と意見（判断）は違うものであり，事実の裏づけのない意見は問題を起こしやすいこと，それゆえに重要な文書では事実の裏づけがない意見の記述は避けた方がよい，と教える。

日本語教育論でも名高い物理学者の木下は，その著『理科系の作文技術』の中でそのことについていくつかの実例を紹介しているが，小学校5年生用の言語技術の教科書の中にあったある記述に衝撃を受けたと書いている。そこには下記のような2つの文がならび，どちらの文が事実の記述か？，もう1つの文に述べてあるのはどんな意見か？意見と事実はどうちがうか？，と質問してあった，という。

① ジョージ・ワシントンは米国の最も偉大な大統領であった
② ジョージ・ワシントンは米国の初代の大統領であった

また4年生用の教科書にも同じような読み物と質問があり，そのページのわきには，「事実とは，証拠をあげて裏付けすることのできるものである」，「意見というのは，何事かについてある人が下す判断である。ほかの人はその判断に同意するかもしれないし，同意しないかもしれない」という2つの注がなら

んでいた、とも書いている[30]。

　実は、この事実と意見（判断）を明確に分けるというのはビジネスの世界に限らず、人が人として生きていく上で大変に重要なことでありながら、政治・経済の世界またそこでの事象や現象を正しく伝える責務を負っているはずのジャーナリズムの世界でも、割合に守られない性格のものであるようだ。上記のように、学校教育の中でそれほどまでに重要なもののようである。それが、異文化間の認識ギャップを生む大きな原因の1つであることを私たちは忘れてはならないであろう。

　それでは、私たちは、具体的にどうすればよいのだろう。まず、私たちは、文には ① 事実の文（a statement of fact）、② 推論の文（a statement of inference）、③ 判断の文（a statement of judgment）という3つの種類があることを知らなければならない[31]。

　「事実の文」とは、先ほどのジョージ・ワシントンの場合のように、それが事実であることを歴史上の古文書や、当時に建てられた銅像などの、証拠書類や証拠物件で証明できる文のことである。

　もし、ここに林檎が1つあり、それが2つに割られて中のタネがはっきりと見えたならば「この林檎にはタネがある」といえるだろう。もし誰かが反対したならば、ここへ来て自分の目で見てごらん。ほらちゃんとタネがあるだろう、といえる。しかし、その林檎が割られて中のタネが見えるまでは、「この林檎にはタネがある」という文は「推論の文」に過ぎない[32]。

　これまで私が食べた1000個を超える林檎にはタネがあったので、多分「この林檎にもタネがある」といえるかもしれない。しかし、それはあくまでも、過去のできごとにもとづく推論にしか過ぎない。それは、実際に目で見て観察した事実ではないからである。もしかしたら、1001番目の林檎には本当にタネがないかもしれないのである。

　「判断の文」とは、自分の評価を下す文である。これはよい林檎、よくない林檎、きれいな林檎、などと自分の意見を述べる文のことをいう。「この林檎はおいしい」というのが判断の文であり、立証不可能な文といえる。判断（意見）は際限のない、泥沼に陥る論争を引き起こすことになる。林檎がおいしいか、まずいかなどの論争にどう決着をつけることができるだろうか。しかし、

このようなことは政治の世界には多く垣間見られるものである。

上記のように，文にはこれらの3種類のものがあることを知り，事実と意見を明確に区別して発言し，ものを書くということだけでもかなりの認識ギャップを埋めることができる。

2. 相手の立場に立ってものを見て，考え，伝えること

認識ギャップを埋めるもう1つの大事な方策がある。それは，相手の立場に立ってものを見て，考え，そしてものごとを伝えるように努めることである。そのためには，(1) 相手は自分とは同じ知識を持っていないかもしれないと思うこと，(2) 言葉の意味は人にあって，発信者がその言葉に託した意味とは別の意味を，受信者はその言葉に与えるかもしれないと思うこと，そして(3) 論理の三角形にもとづき，証拠と論拠がともにそれを支えてくれる主張や意見を述べること，の3点を実行することである。

(1) 相手は自分とは同じ知識を持っていないかもしれないと思うこと

たとえば，米国人男性の標準身長を知らず，ましてやフィート・インチの度量衡にも明るくない多くの日本人にとり，He stands six feet three. (彼の身長は6フィート3インチです) という英文はそのままでは単に身長を述べているものとしかとらえられず，本来の「かなり大柄な人」という意味は伝わらないだろう。この英文の意味を理解するためには，米国内での平均的な男性の身長が6フィートほどであり，なおかつ1フィートが30.48センチであり，1インチが2.54センチであることを知らなければならない。それではじめて，その人はかなり大柄な男性である，ということが理解できるのである。

そうであるならば，日本のマンションの一般的な広さからすれば，相当に広いマンションを購入したことを伝えたいと願う英文 They have bought a condominium of 130 square meters. (彼らは130平米もあるマンションを買った) は，そのままでは相手にはその意図は伝わらないだろう[33]。この英文の意味を正しくアメリカ人に伝えるには，相手は日本の住宅事情を知らないであろうし，メートル法にはうといはずだから，と思い，以下のような2つの補足説明のいずれか，あるいは両方を相手に与えてあげることが重要になる。

① The standard size of a condominium here is about eighty to ninety square meters.
（当地のマンションの一般的なサイズは約80〜90平米です）
② It's really a spacious condominium for an ordinary Japanese family.（ふつうの日本人家族にとっては本当に広いマンションです）

最初の補足説明は，一般的な事実を述べたものであり，次のものはあえて判断（意見）を述べたものである。このように確かな事実にもとづくものであれば，意見を述べることも認識ギャップを埋める有効な手立てとなる。なお，最初の英文も，アメリカ人が相手であれば，130 square meters とはいわずに，1,400 square feet などとフィートに換算してあげるぐらいの思いやりが欲しいところである。メートル法を知らないアメリカ人が多くいるからである。

福澤諭吉は，難解なことや未知のことを，身近なたとえ話で分からせる名人であったといい，比喩を多く使ったといわれている。彼の文章法の秘密は「常に読む人の側に立っている」ことであった。「細かいことですが，西洋の船の説明をするのに，ただ『1000トン』と書いたのでは読者にはわからない。諭吉はこういうとき，1トンというのは米6石あまりの重さに等しい，だから1000トンの船というと，米6000石あまりを積める船のことだと説明する。読む人の側に立っているからこそ，こういう行き届いた説明ができたのでしょう」[34]という一文が，異文化間のビジネスコミュニケーションにおいては，この相手志向の心構えが如何に重要であるかを如実に物語っている。

(2) **相手は，自分が伝える言葉に違う意味を与えるかもしれないと思うこと**

「言葉には意味がなく，意味は人にある」は，一般意味論の命題の1つであるが，この命題を知り，異文化間のビジネスコミュニケーションにおいては，自分が発信者のときも，また受信者のときも，そのことを肝に銘ずることが認識ギャップを埋めるには有効である。

貿易取引における delivery（引渡し）の意味は shipment（船積）と同じであり，ふつうは輸出港の本船上に貨物を引き渡すこと（物理的には手すりを越えることであり，法律的にいえば買主の受託者としての船長に引き渡すこと），また最近のコンテナー船による輸送であれば，船会社など指定された運送業者

の手に貨物を引渡すことである。グローバルビジネスに従事する者ならば，誰もが知っているはずのこの常識も最近世界では通用しなくなってきた。各国における貿易関係の規制緩和により，面倒な貿易の業務知識を持たない者でも貿易取引ができるようになってきたためである。中には，delivery とは輸入地にある自社の得意先の店先に届くことであると主張する輸入業者も出てきている。

　自分が知っているから，相手も知っているという保証はないのである。delivery という言葉に意味があるのではなく，その言葉の意味は，それを使う人にあるのだということを知り，使用する言葉の確認を怠らないことがお互いの認識ギャップを埋めることにつながる。

　この種の問題は，英語と米語の違いにもよく出てくる。ニュージランドのスピーカー・メーカーの社長が，自社製品の売り込みのためにニューヨークの大手量販店を訪問した。副社長に面談し，「製品の優秀さと生産効率のよさを実際に見てもらいたい。ニューヨークと工場のあるオークランド間の return trip ticket と滞在費の全額を提供するから，ぜひとも工場を見に来て欲しい」と懇請した。社長はしばらくニューヨークに滞在し，色よい返事をもらえるものと首を長くして回答を待っていたが，何の音沙汰もない。彼は，しびれを切らし，その副社長に電話を入れたところ，「ボスがまだオーケーを出してくれない。ニューヨークからオークランド（ニュージランド）までの切符を買ってまでその工場を見学する価値があるのかと言っている」という。

　それを聞いて驚いたスピーカー・メーカーの社長は，そうではなく往復の切符を提供するのだと説明した。しばらくのやり取りの後に両者が知ったのは，「往復切符」をニュージランドでは return trip ticket といい，アメリカでは同じものを round trip ticket というのだということであった。アメリカ人にとっての return trip ticket はその字句のとおり，「帰りの切符」を意味したのであった[35]。

(3) **意見を述べる際には，それを支える証拠と論拠の提示を心がけること**

　あいまいな文章は，図 5-1 のような三角形のロジックになっていないことに原因があることが多い。三角形のロジックとは次のようなことをいう。たとえば，ある主張「自動車が値上がりするだろう」を成立させるためには，客観的

Ⅲ 異文化間の認識ギャップを埋める方策

図 5-1

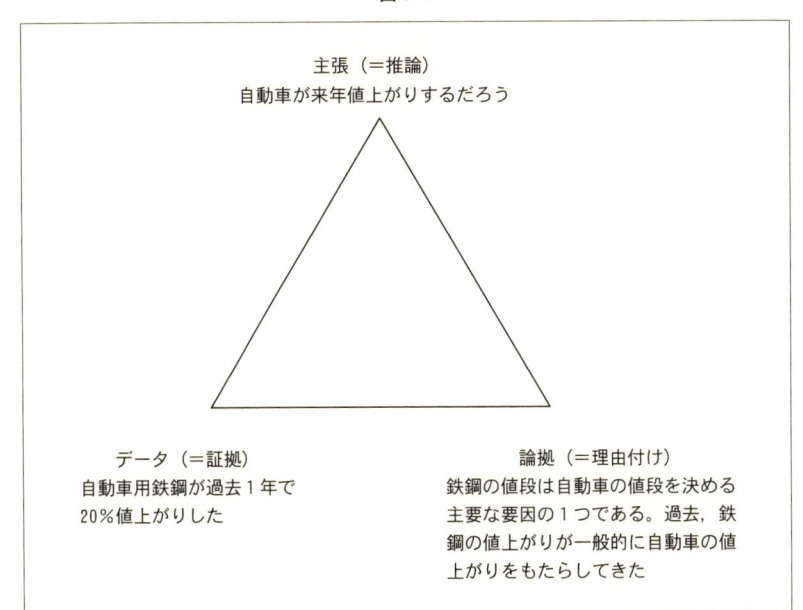

```
                主張（＝推論）
                自動車が来年値上がりするだろう

                        △

  データ（＝証拠）            論拠（＝理由付け）
  自動車用鉄鋼が過去1年で      鉄鋼の値段は自動車の値段を決める
  20％値上がりした            主要な要因の1つである。過去，鉄
                            鋼の値上がりが一般的に自動車の値
                            上がりをもたらしてきた
```

なデータ「鉄鋼が 20％値上がりした」という事実が必要であるが，それだけではまだ足りなく，そのデータからなぜ（why?）そういう主張ができるのか，その理由付けとなる論拠が必要になる，ということである。その論拠は「鉄鋼と自動車の値段の相関関係」という一般関係の他，原理，法則，常識といったより広い理由を使用することになる[36]。

ディベートの専門家である茂木は，「論理というと難しそうに聞こえますが，難しいことを簡単にわかりやすく言うためのものがロジック（論理）であり，ディベートではこの三角ロジックを用います。その基本は Why（なぜ），Because（なぜならば）の直線的な論理であり，ディベートを学ぶことで，英語のロジックやコミュニケーション方法を学ぶことができます」[37] と述べているが，異文化間のビジネスコミュニケーションにおいては，まさにこの Why と Because の論理が重要であり，それが認識ギャップを埋めることに貢献するのである。

よく日本人の書く英語や,話す英語がネイティブ・スピーカーに理解されない,といわれるが,実はその原因もこのようなところにあり,日本人の書く英語や話す英語にはこの Why と Because の論理が欠けているものが多いからだといえる。また,自分がそのようなメッセージを受信したような場合には,自分勝手な解釈をせずに相手にその論拠を示してもらうことが重要となる。

21世紀は,まさにグローバル化の時代といわれるが,その「グローバル化」とは,「地球村(グローバル・ビレッジ)」という言葉にもあるように,企業社会や文化や制度などの地球化を意味し,国家間の関係という枠組みを超えて地球大的な情報化や経済システムの大きな変革が進むことを意味している。そのような時代を迎え,この地球はますます小さくなってきている。異文化の人々との接触が以前には想像もできなかったほどに増え続けているのである。

そのような人々との接点は,どのようにして結ばれるのかといえば,言わずもがなのことであるが,コミュニケーションによってのみそれが可能となり,その人間どうしのコミュニケーションが可能でなければ,生産や販売という取引活動も,また管理という経営活動も成り立たない。ところが,そのコミュニケーションはまさに異文化にまたがるものであり,それゆえに難しく,ときにおいてそれらの活動に支障をきたすことになる。

この章でさまざまなケースを見てきたように,グローバルビジネスコミュニケーションの場においては異文化間の認識ギャップがいろいろなところに現れ,またその要因にもいろいろなものがあることが分かった。小さくなっていく地球の中でますます大きくなっていく異文化の人々との接点や面をよりよいものにしていくためにもこれまで紹介したような心構えや,論理的な思考にもとづくコミュニケーションの技術を身につけていくことが重要になっていくことであろう。

注
1 通訳使用のデメリットに関しては,以下を参照のこと。Kameda, N. (1996), *Business Communication toward Transnationalism*, Tokyo, Kindai Bungeisha, pp.38-39.
2 たとえば,中国政府の軍事科学出版事業公司の許可を得て翻訳されたもとの *The Art of War* を新しく翻訳しなおした Michaelson, G. A. (2001), *Sun Tsu, The Art of War for Managers, 50 Strategic Rules*, Avon, MA, Adams Media Corporation. の他いくつかの類書がある。
3 Wagner, D. & Nishida, T. (1997), *Success in International Business: Skills for Effective Communication*, Tokyo, Yohan Publishing Co., pp.6-8.

4 *Ibid*, 同ページ。
5 マタイによる福音書の7章12節には, Therefore, whatever you want men to do to you, do also to them, for this is the Law and the Prophets.（だから, 人にしてもらいたいと思うことは何でも, あなたがたも人にしなさい。これこそ律法と預言者である）とある。
6 Berlo, D. K. (1960), *The Process of Communication: An Introduction to the Theory and Practice*, San Francisco, Rinehart Press, p.176.
7 Schneider, S. C. & Barsoux, J.-L. (2002), *Managing across cultures* (2nd ed.), Harlow, Essex, Pearson Education Ltd., p.191.
8 Kameda, *op. cit.*, p.88.
9 日本民話の会, 外国民話研究会編（1997）『太陽と月と星の民話』三弥井書店, 106-107 ページ。
10 General Agreement（全般的取り決め。たとえばわが国を表徴する日の丸の旗は国家的, 国民的な同意ないし取り決めがなければ単なる布切れにすぎない。われわれ国民がこぞってこの日の丸の旗を日本を表徴することにしようという同意ないし取り決めによって, 日の丸の旗が記号としての存在価値をもつのである）。ウォーマック, T.・三浦新市（1996）『現代英文の構成と語法』研究社出版, 3 ページ。
11 著者の1人である亀田の長兄が, 丸紅株式会社の支店次長として, 若いころ7年間にわたって駐在していたボンベイでの実話にもとづく。
12 Barnlund, Dean C. (1975), *Public and Private Self in Japan and the United States*, Tokyo, The Simul Press, p.11.
13 鈴木孝夫（1999）『日本語と外国語』岩波書店, 48 ページ。
14 同書, 48 ページ。
15 同書, 48 ページ。
16 Salacuse, J. W. (1991), *Making Global Deals: Negotiating in the International Market Place*, Boston, Houghton Mifflin Company.（サラキューズ, J. S. 著, 則定隆男・亀田尚己・福田靖訳（1996）『実践グローバル交渉―国際取引交渉における障壁とその対策』中央経済社, 102 ページ。）
17 同書, 104 ページ。
18 『朝日新聞』2002 年 2 月 6 日。
19 元多摩大学学長（現同大学名誉教授）の Gregory Clark へのインタビュー記事, Special Interview, *English Network*, April, 2002, 96-100 ページ。
20 Hayakawa, S. I. (1978), *Language in Thought and Action*, Fourth Edition, New York, Harcourt Brace Jovanovich.（ハヤカワ, S. I. 著, 大久保忠利訳（2009）『思考と行動における言語 原書第4版』岩波書店,（第30刷）, 303 ページ。）
21 同書, 同ページ。
22 Sullivan, J. J. & Nonaka, I. (1986), "The Application of Organizational Learning Theory to Japanese and American Management," *Journal of International Business Studies*, Vol.17, pp.127-148.
23 *Ibid.*, pp.127-148.
24 Roebuck, D. B. (1998), *Improving Business Communication Skills*, Prentice Hall, NJ, pp.5-6.
25 原著では judgments となっているが, 訳者の大久保忠利はこれを断定と訳している。一般的には「判断」という表現の方が多いように思う。以下本章においては, 同著からの引用以外の箇所では, judgments には「判断」という訳語を用いる。
26 ハヤカワ, 前掲書, 42-43 ページ。
27 Berlo, D. K. (1960), *The Process of Communication*, San Francisco, Rinehart Press, p.223.
28 山崎正一・市川浩編（1970）『現代哲学事典』講談社, 281 ページ。

29　同書，281 ページ。
30　木下是雄（1981）『理科系の作文技術』中央公論社，101-104 ページ。
31　Weeks, F. W. (1973), *Principles of Business Communication*, Champaign, IL, Stripes Publishing Company, pp.26-27.
32　*Ibid.*, pp.26-27.
33　今や日本語化している外来語の「マンション（a mansion）」は，本来大富豪や映画俳優などが住む大邸宅を意味する言葉であり，今でも英米人はこの言葉からはそのようなお屋敷や超高級アパートをイメージしてしまう。日本でいうマンションは，英語で a condominium（共同住宅）あるいは，それを略した a condo という。
34　辰濃和夫（1994）『文章の書き方』岩波書店，92-93 ページ。
35　ニュージランドの友人 John Bulcraig からの 1989 年 8 月 15 日付け書簡による。
36　茂木秀昭（2001）『ザ・ディベート』筑摩書房，48-49 ページ（図表ともに）。
37　同書，49 ページ。

第 6 章
グローバル化を見る視点—文化相対主義

I　グローバリゼーションと黒船来航

　20世紀末から喧伝されたグローバリゼーションの波は，日本に大きな影響を与えた。ヒト・モノ・カネが国境を越えて移動する中，バブル経済崩壊まで絶頂を極めていた日本の企業システムや経営手法のすべてが時代遅れとなり，欧米流のやり方に改めるべきとの論調が高まった。そんな中，旧態依然の企業文化をドラスティックに変えるため，社内公用語を英語にするという日本企業が現れたのは第4章で述べたとおりである。これは，幕末に押し寄せた米国の黒船に眠りを覚まされ，明治期に入って脱亜入欧を目指した当時の日本の状況に似ていなくもない。

　しかしながら，現在の日本のビジネスを取り巻く状況をつぶさに観察すると，このグローバル化の波は，黒船来航とは違った姿を見せてくる。日本には確かに外からの強大な波が押し寄せてはいるが，それは欧米のみに端を発するものではなく，これまで日本が経験したことのない性質のものである。よって，日本のビジネスパーソンが持つべき視線も，採るべき行動も，20世紀的なそれとは当然異なったものになるだろう。そして，この視線や行動の変化は，グローバルなビジネスにおけるコミュニケーションのあり方にも影響を与えずにはおかない。

　第4章で述べたとおり，現代のグローバルビジネスコミュニケーションで用いられる英語は，伝統的な英語圏（カチュルのインナーサークル）諸国のそれではなく，非母語話者でも自由にかつ独創的に用いることができる Business English as a Lingua Franca（BELF）である。ここでは，インナーサークルの英語の規範の影響力は薄れ，話者の出身文化に由来する価値観が柔軟に反

映される。多様化したビジネスの世界が、言語に反映されているのである。

しかしながら、本書においては、これまで多様化という言葉が具体的な説明を加えられないまま用いられてきたきらいがある。そこで、本章では視点を変えて、この多様化した世界の正体を見極めるべく、主に日本に対峙する欧米とアジアという2大勢力をつぶさに見ていくこととする。そうすることで、新しい時代のグローバルビジネスコミュニケーションのあり方の模索へとつなげていきたい。

II　West vs. East—アリストテレスと孔子の対立

第4章で、文化に根差す価値観が、英語—BELF—の使い方（語法やレトリック）に影響を与えることを観察した。本節では、その影響を与える要因について詳しく考察を加えることとする。ここでは、まず日本のビジネスパーソンが最初に直面し、彼らが感じるであろう難しさや違和感の基になるに違いない欧米的価値観や思考法を、日本が属する東アジアのそれと比較対照する。その上で、現代において欧米流以外の価値観が台頭している様を描き、多様な文化への理解を深めることの重要性を論じていく。

1. 欧米的思考法の基底を成すアリストテレス哲学とキリスト教

欧米的思考法に大きな影響を与えていると言われているのが、ギリシャ哲学とキリスト教である[1]。欧米の思想やレトリックを理解する上で、この両者に対する知識は欠かせない。

古代ギリシャの哲学者たちが後世に与えた影響は計り知れないが、その中でもソクラテス、プラトン、アリストテレスの3人は特に重要である。ソクラテスは紀元前400年代に古代ギリシャのアテネに生を享けた。自分の無知を自覚する「無知の知」の思想や、当時のアテネ社会を批判したかどで死罪の評決を受けた際に、法を守るために自ら毒杯を仰いだエピソードがよく知られている[2]。プラトンも、紀元前400年代のアテネに生まれ、ソクラテスに師事した。最初は政治家を志していた彼は、師の刑死を目の当たりにして哲学者を志した。彼

は世界を，変化のたえまない不完全な現世界と，表面的な現象の原型となる永遠で完全なイデア（idea）の世界に分ける二元論的な世界観でよく知られている[3]。

アリストテレスは，紀元前4世紀にマケドニア国王の侍医の息子として生を享け，ギリシャはアテネのアカデメイア学院でプラトンの弟子として20年に渡って学んだ。師の死後はアレクサンドロス大王の家庭教師を務めたが，やがてアテネに戻り，大王の援助を得て学園を開いた。アリストテレスが修めた学問は，哲学，政治，芸術から天体，生物学に渡り，そのため彼は「万学の祖」とも呼ばれている。その著書である『形而上学』『ニコマコス倫理学』『詩学』『政治学』は，彼の死後数千年経った現代にも大きな影響を与えている[4]。

アリストテレスは，師のプラトンがイデア（理想）を追求した学問体系を目指したのとは対照的に，個々の具体的なものに考察を加え，経験と観察を重視する現実主義の立場を取った[5]。また，人間の魂が備えるべき徳について，知性的側面と倫理的側面から論じたことでも知られている[6]。徳を高める上で有用であると彼が論じたのが，Reflection（内省，熟考）である。Reflectionは，批判的思考法（critical thinking）の基礎を成すものとして，現代の欧米の高等教育や社会生活においても重要なものと見做されている[7]。

さらに，彼が後世に与えた影響の中でも特に大きいのが，三段論法や演繹法として知られる論理学の体系である。論理学の詳しい説明は他書に譲るが，彼の思想は長い歴史を持つ西洋哲学の流れの中で受け継がれ，現代社会に生きる我々もその影響を受けている。上記に示した批判的思考法においても結論は演繹法で導かれ[8]，欧米およびその影響を受けた文化圏での高等教育を受ける者にとっては必須のスキルである[9]。

欧米人にとって重要なもうひとつの要素であるキリスト教は，古代のイスラエル民族の一神教であるユダヤ教を母胎として誕生した。創造主である唯一の神と，選ばれた民族であるユダヤ人との間に存在する契約としての律法に基づく信仰[10]はユダヤ教と共有しているが，紀元頃にパレスチナに生まれたイエス＝キリストを救世主とし，すべての人間に遍く与えられる神の愛（アガペー）を説く宗教である[11]。当初はローマ帝国によって迫害されていたが，その後帝国の国教となり，以降のヨーロッパの文化，芸術，思想に多大な影響を

与えたのは周知のとおりである。

2. 儒教的価値観と東アジア的なレトリック

　日本を始めとする東アジア圏は，古代の中国で生まれた文字である漢字と，その漢字によって伝えられた古代中国の思想や文化を広く共有している。漢字で記された中国の古典は，中国大陸だけでなく，日本，朝鮮半島，台湾，ベトナム等の広い東アジア文化圏で継承され続け，現代に至っている。中国の思想家は「諸子百家」と言われるほど多く現れたが，彼らの中でもっとも代表的なものは儒教を創始した孔子であろう。

　孔子は，紀元前6世紀から5世紀にかけて活躍した思想家である。現在の山東省付近で生を享け，自国で司法大臣に当たる役職に取り立てられたが政治改革に失敗し，その後諸国を放浪して教えを説いた。晩年に至り孔子は故国に帰り弟子の教育にあたったが，その思想の流れを儒教もしくは儒学と呼ぶ[12]。

　儒教は，宗教というよりは道徳に近い思想の体系をもつ。人々は，徳を高めて君子となることを目指すべきだと説いている。徳には，親への愛情である「孝」，年長者への愛である「悌」，人と人が互いを思いやる「仁」が含まれる。儒学がもっとも大切にするのは仁であり，これはいわば家族に生じる自然な愛情を社会全体に広めた普遍的な人間愛の思想であるといえよう[13]。

　多様な古代中国の思想が隆盛を極めたのは前述のとおりだが，この文化が論争を志向しなかったのは特筆に値する。諸子百家の間では礼儀に則った討論が行われたものの，公的な場での対立は避けることをよしとし，社会的調和が強く求められるようになった。欧米的な観点から見れば妥協とも取られかねないこの調和への志向は，儒教では紳士的で理想的なものとして捉えられていた。

　儒教の古典においてこの概念は，すぐれた料理人が調理した料理の中で，さまざまな風味が混ざり合いつつも各々が隠れることなく貢献している状態になぞらえて説明されている[14]。この影響はアジア各国で見られ，日本においても聖徳太子が7世紀に制定したとされる十七条憲法が，儒教および仏教の精神を基礎として，第一条に「和を以て貴しと為す（他人との調和が大事である）」と述べたことが知られている[15]。

　また，中国古代の詩の形式である起承転結（起承転合とも）も，漢字文化圏

で長く受け継がれている。この形式では,「起」でテーマを言い起こし,「承」でテーマを受けて展開し,「転」で変化を起こし,「結」で全体を締めくくる。日本においては,『朝日新聞』の「天声人語」が典型的な起承転結型の文章の例として知られている。この東アジア的価値観に則って発達したレトリックが,欧米人に分かりにくいと評されてしまうのは,第1章で述べたとおりである。

　これらの価値観やレトリックは,第4章で考察したとおり,東アジアのビジネスパーソンが BELF を使用するときに選ぶ言葉や論理構成に影響を与えるに違いない。そのような英語は,前項の欧米的な価値観を持つインナーサークルのネイティブたちには不評であろうが,話者がそれぞれの価値観を反映させて使うことを前提とする BELF においては,必ずしも不適切で誤っているものとは見做されない。この状況は,英語がインナーサークルの支配を離れ,グローバル市民がその所有権を主張し始めていると説明できる論拠となりえるのであろうか。

3. 非欧米経済圏の勢力伸長と欧米的価値観のゆらぎ

　欧米諸国が海外領土の植民地経営に乗り出して以来,世界経済は欧米諸国によって主導されてきた。特に,19世紀に大英帝国が広大な地域を傘下に入れ,次いで20世紀に入って立場を弱めた英国に代わって米国が大国の地位に就いたことにより,世界は200年近い間英米の影響下にあったと言っても過言ではあるまい。第4章で取り上げたとおり,その間に英米両国の言語である英語はフランス語に代わって国際共通語の地位に上り,また旧大英帝国領であるカナダ,オーストラリア,ニュージーランドが先進経済圏として世界に対峙することになり,それら諸国に共通の言語である英語の地位はゆるぎないものとなったように見える。カチュルの言うインナーサークルの英語は,その語法,文法,発音,レトリックにおいて,世界中の英語話者が目指すべき標準となった。

　しかしながら,その構図は21世紀を迎えて急激に変化している。世界の富はインナーサークルから外側の世界に移りつつあり,特にアジア経済の伸長が著しい。日本は,第二次世界大戦後の荒廃から十数年間で復興し,80年代に

は「ジャパン・アズ・ナンバーワン」と称されるまでになった。その後バブル経済の破たんで長らく不況にあえぐものの，現在でも世界有数の経済圏としての立場を維持している。

中国は，共産党政権の改革開放政策で急激な経済成長を続け，2009年には日本を抜いて世界第2位のGDPを誇るまでに成長した。韓国，台湾，香港，シンガポールから成るNIES諸国は，80年代から躍進を続け，規模の面では日本や中国に及ばぬものの，質の面では先進経済圏に劣らない活況を呈している。

そして，いま注目を集めているのがASEAN諸国である。インドネシア，タイ，フィリピン，マレーシア，ベトナムなど10ヵ国から成り，6億の人口を擁するこの経済圏は，長らくNIESの後塵を拝してきたが，中産階級の台頭から経済力を増し，域内GDPの総額が間もなくNIES諸国を抜こうとしている[16]。こうして多面的な成長を遂げたアジア経済は，世界の中で重要な位置を占めるようになり，域内のGDPは2013年で世界の3割，2050年で5割を占めるという試算がある[17]。

すでに世界の富はインナーサークルの外にあり，したがって英語を使ったグローバルビジネスコミュニケーションも，第4章で述べたとおりインナーサークルを巻き込まずに行われている。人は自分の文化や価値観を反映させた英語を使う傾向にあることはすでに述べたとおりだが，本章前節で取り上げた思考法やレトリックの違いも，今後グローバルビジネスで使われる英語（BELF）に色濃く反映されていくことであろう。BELFの普及が，従来の英語に色濃く反映されていた欧米的価値観を揺るがすものになるか否かは，注目が集まるところである。

Ⅲ　East vs. East―覇権を争うアジアの企業

日本は，非欧米系で唯一と言っていい主要国首脳会議の参加国である。GDPは2012年現在世界第3位を誇り，国民総所得（Gross National Income）も4万ドルを超えているのであれば，規模においても質においても主要国の名に

値すると言っても過言ではあるまい。しかし、アジアを取り巻く経済状況は、もはや日本の一強体制を許さない状況になっている。前述のとおり、中国やNIESが強力な経済圏として日本と対峙し、またASEANが急激に勃興しているのである。

本節では、日本企業と日本型経営システムが直面している状況を概観しながら、アジア経済がいかに日本にとって重要であり脅威であるかを述べる。

1. アジア企業の栄枯盛衰

半導体は、かつて日本企業が得意とする分野であった。多くの日本企業が業績を上げ、日本は官民挙げて電子立国を目指すほどの活況を呈していた。しかし、1990年代に入って大きく業績を落とし、今では米国や韓国などの企業にその座を譲ってしまったかに見える。ここでは、かつて栄華を極めた日本企業が凋落し、それと代わるようにアジア企業が勃興した様子を概観することで、日本企業の相対的な影響力の低下を明らかにしたい。

日本の半導体企業は、80年代に米国企業を追い抜いてマーケットシェアを増大させた。これは、それまで世界のトップを走っていた米国企業が予想より早く進展した技術革新に追い付けず、いち早く対応した日本企業が急激に進出を果たしたためとされる[18]。しかしながら90年代以降、貿易摩擦、円高、アジア企業への技術流出等の外的要因に加え、硬直化した社内風土等の内的要因が加わり、日本企業の業績は一気に低下した。特に、製品ライフサイクルやイノベーションの交代が短期間で入れ替わり、迅速な意思決定が必要とされる分野での劣勢が目立つ[19]。自らがアメリカの企業を追い越したのとほぼ同じ構図で、アジア企業に追い抜かれた格好である。以降の日本企業は、昔日の勢いを失ってしまったように見える。ソニーは、2013年に黒字に回復したものの、2012年まで4期連続の赤字を計上していた[20]。

一方、日本企業を始めとするデジタルの巨人たちに果敢に攻勢をかけたのが韓国の三星電子（以下「サムスン」）である。サムスンは、1969年の創立以来、松下電器産業の人材育成のノウハウを徹底的に取り入れつつ、半導体事業等で成長を続けた[21]。90年代に入ると、2代目会長の李健熙（イゴンヒ）の下、後のサムスンの成長の原動力となる「地域専門家制度」を開始する。この

制度の下，サムスンの韓国人社員は1年間を世界各地いずれかの1ヵ所で送り，現地の事情に精通した専門家となる。こうして自分が滞在する地域の専門家となった韓国人社員は，サムスンの製品のマーケティング等を効果的に行い，海外でのプレゼンスを高めていった[22]。

後発企業として日本企業のビジネスモデルに追随しているように見えたサムスンは，その実高い独自性で日本企業を追い抜き，半導体は元より液晶パネルや薄型テレビにおいても高い業績を上げるようになった[23]。90年代の終わりに韓国を襲った通貨危機の際には，年功序列等の日本的経営手法を捨て去って，日本のそれとは全く異なった姿を持つ企業に変貌した[24]。

2008年のリーマンショックは，文字通り全世界に大変な負の影響をもたらしたが，サムスンも例外ではなかった。この危機を乗り越えたのは，それまで半導体に依存していた利益体質を，他の事業からも収益を上げられる体制に変えることに成功したからである[25]。スマートフォン市場での成功は周知のとおりである。同社は，米アップル社との特許訴訟合戦やウォン高などいくつかの弱点はあるものの，アジアを代表する企業の地位を括弧たるものにしている。

中国発の企業もグローバル市場で存在感を高めている。海爾集団（以下「ハイアール」）は中国の家電最大手であるが，日本においては2006年に当時の三洋電機が冷蔵庫の生産を全面委託したことで注目を集めた[26]。ハイアールの特徴は，圧倒的なコストリーダーシップにつながる大量生産と厳しい基準の品質管理の両立に加え，強大なアフターサービス網を兼ね備えていることにある[27]。中国市場では，外資系企業も参入しているが，巨大な中国市場において首位の座を占めるのがハイアールである[28]。

ハイアールは，海外市場にも目を向けている。中国市場では，外資も入り乱れての競争激化に加え，価格競争が進行しているからである[29]。生産ラインを海外に移すだけでなく，海外市場に製品投入を行い，自社のブランド認知度が低い先進国諸国での販売拡大を目指している[30]。2009年には，冷蔵庫，洗濯機の生産台数で世界首位を達成するにいたった[31]。

これらの企業に比して，日本企業の情勢は明暗が分かれている。旧来の企業文化の改革に手間取っている企業においては，スピード感を欠く意思決定プロセスが外国企業との競争の足を引っ張っている。一方で，自社の強みを発揮で

きる特定の商品群を持っている企業は業績を回復させつつある。2013年には,日本で金融緩和策が実施され,円高の是正と政権の安定化の兆しが見られるようになった。一部の企業ではリーマンショック前の水準を超えるところまで回復した企業もあるものの[32],企業によって業績はまちまちである。売上高や市場価値総額において,20年前に世界のトップ10の多くを占めていた日本企業の名は,2013年のランキングにはほとんど見られなくなった。日本の企業が突出して強い時代は終わってしまったように見える。

2. 日本的経営モデルに挑戦をつきつけるアジア経済

　一度は世界を席巻した日本型の経営は,今や世界各国から挑戦をつきつけられ苦戦している。年功序列や終身雇用で従業員の生活が保証され,勤勉さ,労働倫理,技術力の高さに支えられた日本型経営手法がもてはやされていた時期もあった[33]。「カンバン方式」や高度の品質管理で世界から称賛を浴びていた日本企業のこうした経営スタイルは,いま世界でどのような評価を受けているのだろうか。

　日本企業はグローバル人材不足にあえいでいるといわれる。製造現場と市場が世界に広がる中,日本以外の場所で経営をマネジメントできる層が不足している。もちろん国内の優秀な人材を海外に送り続けてはいるが,いかんせんビジネスのグローバル化に人材が追い付いていないのが現状である[34]。進出先で優秀な人材を雇っても,転職に対しての考え方の違いから定着率が思わしくなく,結果的に人材が不足してしまうのも皮肉である[35]。

　一方で,海外の企業は様々な手法でグローバル化を遂げている。たとえば,ビジネスのやり方をグローバル規模で共通化し,短期研修プログラムを豊富に用意して幹部社員の育成にあたる米国企業がある。ある欧州企業では,全世界から集めた人材に,教育プログラムの履修と海外での経験を計画的に積ませることにより,進出先の現地雇用スタッフに頼らず自力でマネジメントができる社員を養成している。韓国を代表するサムスン電子が,韓国人社員を特定の地域に派遣し,駐在経験を積ませて現地の言葉,文化,習慣に精通させているのは先述のとおりである[36]。

　ビジネスと人材のグローバル化を成功させている企業にとって,もはや日本

企業は脅威でも尊敬の対象でもなくなってしまっている。情報通信技術の発展と進化により，日本型経営の真骨頂と呼ばれたカンバン方式と同様の効率化手法は，他の企業も実現できるようになってしまった[37]。また，リスク回避傾向が強く，その時々で流行になっているものに一斉に飛びつく「横並び」志向の日本企業の姿勢にも厳しい評価が寄せられている[38]。

さらには自らの経営手法が一世を風靡したころの成功体験に縛られるがために，ビジネスモデルが時代遅れになっているとの批判もある[39]。また，マレーシア前首相のマハティール（Mahathir bin Mohamad）が日本経済新聞のインタビューに答えて次のように述べているが，傾聴に値するだろう。すなわち，日本人の価値観が変化して欧米流の経営手法を盲目的に導入し，本来強みであったはずの政府とビジネスの強い紐帯や特徴的な経営手法が失われ，首相が毎年交替するほど不安定化する政治が日本経済の停滞を生んでしまったのである[40]。

将来の企業を担う若手人材の意識も問題である。1991年に香港に開講した香港科学技術大学（以下「香港科技大」）は，教授言語が英語であり，世界各国から学生や教授陣が集まる環境が整えられている[41]。また，各学年次に1年ずつ米国，香港，欧州で学び，グローバルな規模でビジネスや文化を学ぶことのできるカリキュラムが採られている。開学わずか20年足らずで国際的な大学ランキングの評価も急激に上昇しており，アジアでトップクラスの東京大学にも迫るほどである[42]。

問題は，こういう環境の大学に日本からの留学志望者が少ないことである。日本から海外に留学に行く学生が減少しているのは文部科学省が近年（2013年当時）発表したとおりであるが[43]，若者の内向き志向[44]や，英語力不足に起因する出願の回避が背景にあると見られる[45]。

日本の経営スタイルやビジネスモデルには，すでに時代遅れでスピード感に欠けるとの厳しい批判が寄せられている[46]。この批判が全面的に妥当か否かは議論の余地があろうが，問題は，これが欧米からではなくアジアから発せられているということである。このような批判を欧米から受けていた時代は，日本人の側としても「欧米と日本は違って当然」という二元論的な説明で片づけてきた向きもあるかもしれない。しかし，アジア各国の経済や企業が勢いを増

し，アジア域内での取引や競争が増加する中，日本の企業とビジネスパーソンは新たな世界観を確立する必要があるのではないだろうか。

3. 多様なアジアへの眼差しとBELF

アジアにおいて日本だけが強かった時代は，名実ともに終わりを告げた。明治時代以来アジア随一の先進国であると自負してきた日本人にとっては受け入れがたい現実である。しかしながら，中国は現実にすぐに隣で強大化し，またNIES諸国は質の面で，ASEAN諸国は規模の面で日本に追い付き追い抜こうとしている。日本と日本企業はグローバルなスケールで自らの立ち位置を再定義し，競争に打ち克てるよう対策を打っていかなくてはなるまい。

その意味では，もはや日本のビジネスパーソンは欧米ばかりを相手にしていられない。インナーサークル諸国の相対的な重要性の低下は，本節で概観した経済や企業は言うに及ばず，BELFの使用を巡るグローバルコミュニケーションの状況を見ても明らかである。すなわち，BELFはインナーサークルの外側でネイティブを交えずに使われている。本質的に母語が異なる人々の共通語として台頭しつつあるBELFを用いてコミュニケーションをはかるにあたっては，それぞれの話者が有する多様な言語や文化，習慣への理解が欠かせない。

この問題について，認識性（intelligibility）からの視点が示唆を与えてくれる。スミス（Smith）によれば，BELFのようなグローバルなコミュニケーションで使用される英語には，(1)インテリジビリティ（intelligibility: 認識性），(2)コンプリヘンシビリティ（comprehensibility: 理解性），(3)インタープリタビリティ（interpretability: 解釈性）からの問題が生じる[47]。

インテリジビリティとは，すなわち「相手の発する言葉や発言が何語であるかを認識する力」のことである。コンプリヘンシビリティは，「相手の発する言葉や発言がどんな意味を有するかを字義通りに理解する力」である。最後に，インタープリタビリティとは，「相手の発する言葉の字義通りの意味の陰に，どんなメッセージが隠れているかを解釈する力」といえよう。

第4章で，筆者の1人である佐藤が，中国系マレーシア人同級生が出会い頭に発した"Have you eaten?（食事はしましたか？）"という挨拶にとっさに答えられなかった例を紹介した。この表現は，中国語で「こんにちは」の代わ

りによく交わされる「你吃饭了吗？（食事はしましたか？）」という挨拶をそのまま英語にしたものと推察され，期待される回答は"Yes, thank you. And you?（はい，食べました。あなたは？）"程度のものであった。この場合，佐藤は相手の言葉を英語と認識し字義通りの意味は理解したものの，言葉の裏のメッセージを解釈しそこなったのである。

　異なる文化を背景に，異なる母語を話す者同士が共通語でコミュニケーションをはかる場合，この解釈性が最大の問題となろう。なぜなら，解釈性こそに各々の文化が色濃く反映されるからである。そして，このことこそが，一部の研究者をして「ノンネイティブはネイティブに及ばない」[48]と言わしめ，英語を母語としない者同士が英語を共通言語として使うことに疑義を挟ませる[49]原因にもなっていると考えられる。

　第4章で，BELFがもたらす求心力と遠心力について考察した。この問題をインテリジビリティの観点から考えると，BELFをグローバルビジネスコミュニケーションの共通言語として用いる以上，インテリジビリティ（認識性）とコンプリヘンシビリティ（理解性）は確保されなければならない。すなわち，発音や語法，文法が，認識と理解を妨げるほど互いに乖離してはならないのである。

　この点については，BELFが現代のテクノロジーに乗って発信され，記録され，共有されていることから，ある程度の共通性を保ったまま進化することは十分に可能であると考えられる。一方で，話者が互いの文化を持ち込むことが前提となっているBELFにおいて，字義通りの意味を超えたインタープリタビリティ（解釈性）を常に共有することは難しい。解釈がもっとも文化的価値観が反映されるところだからである。

　しかしながら，BELFの使い手は，この解釈性の問題とは向き合い続けなければならないだろう。なぜなら，グローバルビジネスの担い手は常に変わり続けるからである。かつて世界の富を独占した欧米諸国が世界市場というパイの分け前を減らし，かつて日本が米国に追い付き追い抜いたのと全く同じ方法でアジア諸国が日本を捕らえたように，グローバルビジネスという大きなフィールドの参加者は常に入れ替わる。そしてその入れ替わりがBELFに多様性をもたらしている。逆に言えば，解釈に差異がなくなった時は，それはBELF

が自然言語としての英語と同じように特定の集団の所有物となることを意味するのかもしれない。

多様性が進む世界においてこそ，BELF の果たす役割は大きいと言えるのではないだろうか。

IV 「グローバル化」から文化相対主義へ

著者の1人である佐藤は，教え子である朝鮮族中国人の学生から「日本人はクールな個人主義者で，情が薄く，時に欧米人のようだ」と言われたことがある。日本の言語や文化を欧米の対極にあるものとして捉えていた佐藤にとって，この言葉はある意味で衝撃的でさえあった。「日本人が欧米人のようだとは一体いかなる意味なのだろうか」という疑問は，それからしばらく心を捉えて離さなかったが，さまざまな現場で中国人や韓国人と仕事や交流をするうちに，彼らの意味するところが分かってきた。確かに，日本人は欧米人に近いところがある。ただし，中国人や韓国人から見れば，である。

佐藤が無意識のうちに前提としていたのは，「日本対外国」「日本人対外国人」という，極めて単純化された二元論的世界観であった。確かに，日本語には「外国人」という単語があり，日本人以外のすべての人々を指す便利な言葉として，今でもよく使われている。テレビ放送でも，不思議の国ニッポンをさまざまな外国人が論ずるバラエティ番組をよく目にする。しかし，現実の「外国」は，欧米からアジアまで多様な文化圏から成っている。「欧米」と十把一絡げに言っても，ヨーロッパと米国では言語や価値観に相当の差があるし，インナーサークル諸国もすべてが似ているわけではない。いわんや人口の規模において欧米を圧倒するアジアに於いてはなおさらである。

世界の経済が多極化の一途をたどっているのは前節までに見たとおりであるが，このような世界において，グローバルビジネスパーソンが，「自分の国対すべての外国」という二元論的な世界観を持っていてよいのだろうか。本節では，ルイス（Lewis）のモデルを紹介しながら，今日のグローバルビジネスパーソンに相応しい世界観のあり方を探っていく。

148　第6章　グローバル化を見る視点―文化相対主義

1. ルイスによる「文化類型」モデル

ルイスは，世界各国の文化を比較した上で分類を行った。彼の分類に批判が寄せられていることは後述するが，以下にその枠組みを示す（図6-1参照）。

彼によれば，世界の文化は大きく3つのタイプに分類することができる。すなわち，①リニアアクティブ（linear-active），②マルチアクティブ（multi-active），③リアクティブ（reactive）の3つである[50]。

第一のリニアアクティブな文化においては，人々は明確な目標と綿密な計画を立てる。その名のとおり，1つひとつのタスクを順に整然と（linear: 線形に）こなしていくことがよしとされる。ディスカッションのスタイルは率直で，文書，データ，数字が重要視される。個人的な人間関係による取引よりは，フォーマルでビジネスライクな方法を好む。感情よりは合理性優先で，相手との対立を恐れない。濃密な人間関係や感情の表出よりは，抑制の効いた表現とプライバシーを大切にする。結果が大切であり，必要であれば妥協をいと

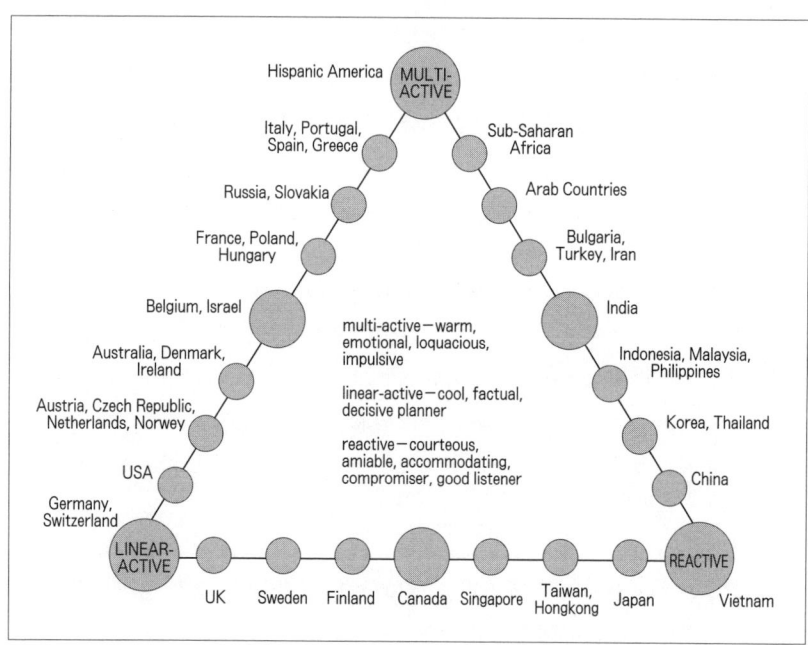

図6-1　ルイス（2003）　Categorizations of Cultures [51]

わず，早くゴールに到達しようとする。時間やルール，納期は厳守するのが当然である。

　リニアアクティブに属する人々は，取引に不要な会話等はあまり行わないが，メールや電話への応答は迅速である。書面による契約を重視し，支払等をむやみに遅らせることは少ない。上下関係やステータスなどの名よりは，金などの実を取る。上司は尊大な態度を取ることが少ない。宗教よりは，合理性と科学的姿勢が思考を支配する。ルイスのモデルでは，ドイツやスイスがリニアアクティブ文化の典型とされている。

　一方，マルチアクティブな文化では，感情の共有や直観的な行動が好まれる。家族や人づきあいが何にも優先し，人間的で温かい情愛が重視される。一度に多くのことを同時並行的（マルチ）に行い，計画に沿うことは一般的に不得手であるし，そもそも予定通りに事を勧めることを重視していない。会話では互いが一度に話し，言葉が途切れることがなく，逆に沈黙には耐えられない。ビジネスにおいても個人的関係がものをいい，メールや電話よりは対面などの直接対話を好む。規則やルールには一般的に従わず，締め切りや納期を守らないことも多い。権威には従わないことが多いが，社会や組織の中での自分の位置付けについては受け入れる。力強いタイプの上司が好まれ，上司は部下を守るものだとされる。

　一般的には人生を楽しむタイプの人や美食家が多く，プロテスタント型のリニアアクティブな人々とは一線を画している。ラテン系アメリカ諸国がその典型とされる他，日本とのつながりがこれから強くなることが予測されるアラブやアフリカ諸国が比較的近くに配置されている。今後日本のビジネスパーソンにとって重要性を増し，理解を深める必要があると思われるエリアである。

　翻ってリアクティブな文化では，自分が話すより相手の話を聞くことが重視される。自ら行動を起こすことはまれで，他人の意見を受けて自分の考えを決する（リアクト）ことが多い。一般的に内省的で，言葉の上辺よりは真意を探るため，言葉によらない微妙なコミュニケーションを得意とする。会話は，対話と言うよりは独り言の応酬に近く，自分の意見を強く主張することは避け，会話が途切れても不快には感じない。それどころか，沈黙がコミュニケーションの重要な手段として使われることすらある。

こうしたリアクティブな文化圏では相手の名前を直接呼ぶことは避けられ，アイコンタクトはまれで，謙譲の美徳を前面に押し出した表現をすることで相手への無礼を防ぐ。謙遜は自己を卑下する行為とは見做されず逆に称賛される。自分の考えは皆まで言わず，聞き手が察することを期待される。実際に何を言ったかより，どのように表現されたかが重要であるため，リニアアクティブやマルチアクティブな人々は混乱することがある。ベトナムがこの文化の典型的な例とされる。

　これら3つの軸を頂点とした三角形に，各国の文化が配置されたのがルイスのモデルである。3つの辺が両端で隣の辺と接しているので，すべての文化が途切れなくつながっているのが特徴的である。たとえば，第4章で取り上げたインナーサークル諸国は，リニアアクティブの軸の周りにプロットされている。しかしながら，英国はリアクティブ側に，米国はマルチアクティブ側に配置されているのが興味深い。オーストラリアやアイルランドは，米国よりもさらにマルチアクティブ寄りである。

　一方で，日本，中国，韓国は，リアクティブの軸の付近に配置されている。その中でも，日本はリニアアクティブ寄りで，中国や韓国はマルチアクティブ側に置かれている。台湾，香港，シンガポールは，日本よりもリニアアクティブに近いところにある。インドネシア，タイ，フィリピンなど，ASEANの3ヵ国は，インドに次いでマルチアクティブに近いところにその位置を占めている。

　ルイスの分析によれば，3つの軸のちょうど真ん中に位置する文化圏は繁栄している。たとえば，カナダはリニアアクティブとリアクティブの中間に位置するが，大量の移民を受け入れ，かつ政府が賢明な移民政策を取ったことから，世界でも有数の多文化社会になった。マルチアクティブとリアクティブの真中に陣取るインドは，雄弁さで知られる文化であるが，同時に礼儀正しい東洋の英知と温かみも継承している。また，歴史的に英国の制度を多く取り入れていることから，西洋への強いつながりも持っている。

　ルイスの分類は，本節冒頭に紹介した朝鮮族の血を引く中国人学生から寄せられた言葉の意味をよく説明している。すなわち，日本，中国，韓国は，世界の文化の分類の中では互いに近いところに位置するが，一方で明らかに違う傾向を持っているのである。中国や韓国から見れば，日本はリニアアクティブに

近いところにあり，感情よりは合理性を重視するドイツや英国などのヨーロッパ人に近いと言えなくもない。

　日本からの視点でいえば，中国や韓国はマルチアクティブの傾向を見せ，情熱的で感情的であり，ある意味では大変アジア的に見えることがある。一方で，同じ中華文化圏でも，香港や台湾などは，歴史的，経済的経緯から日本に比べてもヨーロッパ的な合理性を志向する傾向が見られ，当然のことながら中国とは相容れない時が往々にしてある。

　一方で，ルイスの分類を批判的に見ることも忘れてはならない。この枠組みの中では，ひとつの国の文化は一様である，もしくは文化圏と国家が一致するという前提が採られている。しかし，往々にして国と文化は一致しない。たとえば，ここで取り上げられているマレーシアやシンガポールは多民族国家である。同じ国の中に，マレー系，中華系，タミル系，またその他の民族系に属する人々が住み，互いの文化を守りながらひとつの国を作っている。カナダがすでにうまく説明されているように，他の多民族多文化国家の分類も妥当であるとの反論も可能であろうが，文化と国家が一致するという前提の適否に関する批判は避けられまい。

2. ルイスの文化類型の効能

　ルイスの文化類型は，「日本対外国」「自分の国対その他すべての国々」という単純化された二元論的な世界観へのアンチテーゼとして大変興味深い。グローバリゼーション即欧米化という感覚をもつ人々にとっては衝撃的な考え方でさえあろう。しかしながら，現在のグローバルビジネスを取り巻く状況は，そのようなナイーブな見方を許さない状況にある。

　日本対外国という見方の裏には，様々な前提，もしくは偏見が存在する。まず，日本は外国と比べてユニークであるという考え方である。確かに，日本の文化は他国と比べて独特ではあるが，そもそも文化は程度の差こそあれ互いに違っているものであり，独特でないものはない。前世紀に唯一の非欧米国として主要国首脳会議に参加を認められたとき，日本の特異性が喧伝されたことは分からないでもない。後発近代国家として，そして第二次世界大戦の敗戦国として，20世紀中に先進経済圏の仲間入りをした功績と栄光は揺らぐことはな

いだろう。

　しかしながら，21世紀の今日，非欧米諸国，特に日本の近隣諸国が驚くべき経済発展を遂げている。日本はすでにアジアを代表する一強の地位を失い，アジア経済は百花繚乱の様相を呈し始めている。また，グローバルビジネスコミュニケーションが，そのアジア経済圏の中で盛んに行われていることも前章で述べたとおりである。自らの文化を愛し，誇りに思うことはもちろん大切であるが，その特異性を盲信するあまりに自分の相対的な位置づけを見失うことは，決して得策とは言えまい。

　日本対外国という二元論的な世界観に「外国は一様である」という偏見も潜んでいるのは，本節の冒頭に述べたとおりである。が，実際の世界は多様性に満ちている。確かに，第二次世界大戦後の日本が相手にすべきは欧米諸国のみであったかもしれない。周辺諸国では戦後の混乱や冷戦のはざまで内戦や革命が勃発し，政治的にも安定していなかったため，日本は国家の命運をかけた生き残りの方策として，欧米を相手に政治と経済を立て直してきた側面もあろう。

　日本が名実ともに先進国の地位を達成すると，アジア諸国は日本にとって援助の対象となり，また重要な顧客ともなった。しかし，今日のアジア経済圏では中産階級が台頭し，政治的な安定も達成され，かつてない活況を呈している。日本にとっての脅威と競争相手が，すぐ隣に現れたのである。しかもこのライバルは，欧米諸国とは違って我々と似た姿と文化を持ちながら，互いに違った行動様式をもつ人々である。数多くのプレーヤーが入り乱れて試合をするようになったゲームに，「自分対その他大勢」という世界観は通用しない。自分を取り巻くそれぞれの相手について，綿密な分析と理解が必要なのである。

　ルイスの分類は，自己の特異性を過信し，相手を単純で大きな塊として見てしまう認識の罠から逃れ，すべての文化を相対的に見るための頼りとなる手段を与えてくれる。

3. グローバルビジネスコミュニケーションと文化相対主義

　本章では，現代のビジネスパーソンが活躍するグローバルな世界がどれほど多様化されているかを概観してきた。そして，現在進行するグローバリゼー

ションは黒船来航のような「西洋対東洋」といった単純な二分法的世界観ではなく，日本を始め多様な文化圏がひしめく「一対多」的な構図で描かれることを示した。さらに，これほど複雑化したダイナミズムの中では，自己の文化や立ち位置を相対化し，他者の価値観への理解を深めることが肝要であることを論じた。

　欧米的思考法のひとつである批判的思考では，自らが当然だと思っているすべてのもの，すなわち前提，先入観，偏見，好き嫌い，信念などに気付かなければ，正しい判断が下せないとされている[52]。このことはグローバルに活躍するビジネスパーソンにとって重要な資質を示唆している。すなわち，自らが当然だと思い込んでいる言葉の表現方法やビジネスの手法から一度離れ，相対化し，改めて自分がどんな価値観に基づいて行動しているのかを見つめなおすことである。

　しかし，実際にこのようなことが如何に難しいかは説明の必要がないほどである。英語の文脈で言うなら，インナーサークルのネイティブ達は，英語の所有権を所与のものとして考え，自分たちの規範に則らないノンネイティブたちを嘲り格下扱いしてきた。一方で，ノンネイティブは，格下の扱いを甘んじて受けてインナーサークルの規範に必死に従おうとするか，あるいは英語の現地化を推し進めるような姿勢を前面に押し出し，インナーサークル支配からの独立を図った。このどちらのアプローチも，グローバルなビジネスコミュニケーションに資するところは少ない。

　また，自らを特異なものと認知し，過去の成功体験と単純な世界観に縛られ，革新への歩みが遅れている日本企業の姿も，思い込みから抜け出られない哀れな姿にだぶって見える。自らの偏見から脱却し，新たな価値観を生み出すことに失敗し続ける企業の居場所は，今日のグローバルなマーケットには存在しない。

　グローバルビジネスコミュニケーションで大切なのは，多種多様な才能と価値が同じ土俵の上で共存することである。ここでは，どれかひとつの優勢な組織や文化による他者の一方的な制圧や，あるいは決して混じり合うことのない異分子たちの混沌とした並立はなじまない，というよりは不可能である。異なる背景を持つ者同士が共通の言語で語り合い，新たな価値を生み出すことが肝

要なのである。

　BELFは，第4章で述べたとおり，本質的に多様な価値観の交換を促す言語である。ネイティブとノンネイティブを隔てる壁もなく，また出身文化を，価値観を曲げることなく反映させることができる新たな言語ともいえるものである。新たな言語に相応しい自由さと独創性もあり，何よりこれからますます進化することが予想される。BELFのこの自由さと平等さを保ったまま世界語としての英語を使用し続けるには，本章で論じたような文化への視点が肝要であろう。そして，この姿勢に裏付けられたBELFの使用と普及こそが，グローバル化する世界における日本のビジネスパーソンの活路のひとつなのかもしれない。

注

1　Kameda, N. (2012), "Business English across nations and cultures: To be Easternized or not to be: that is the question," *Doshisha Business Review*, Vol.63, No.3, pp.985-998.
2　小寺聡編（2011）『もういちど読む山川倫理』山川出版社，23ページ。
3　同書，28ページ。
4　同書，33ページ。
5　同書，32ページ。
6　同書，34ページ。
7　Brookfield, S. (1987), "Recognizing Critical Thinking," in *Developing critical thinkers: Challenging adults to explore alternative ways of thinking and acting*, San Francisco, CA: Jossey-Bass, pp.15-34.
8　Cottrell, S. (2005), "What's their point?" in *Critical thinking skills*, Basingstoke: Palgrave Macmillan, pp.37-50.
9　*Ibid*.
10　小寺，前掲書，60ページ。
11　同書，62ページ。
12　同書，41ページ。
13　同書，42ページ。
14　ニスベット，R. E. 著，村本由紀子訳（2004）『木を見る西洋人　森を見る東洋人―思考の違いはいかにして生まれるか』ダイヤモンド社，19ページ。
15　広辞苑　第六版。
16　『日本経済新聞』2013年1月15日。
17　『日本経済新聞』2013年1月1日。
18　鈴木良隆・大東英祐・武田晴人（2004）『ビジネスの歴史』有斐閣アルマ，352-353ページ。
19　『日本経済新聞』2014年1月5日。
20　ソニー株式会社（2013）Annual Report 2013, p.56.
　　http://www.sony.co.jp/SonyInfo/IR/financial/ar/Archive.html（2014年1月14日検索）。
21　http://www.samsung.com/jp/aboutsamsung/samsung/history.html（2014年1月14日検索）。

22 http://www.samsung.com/jp/aboutsamsung/group/corecompetence/person/area.html（2014年1月14日検索。）
23 『日本経済新聞』2013年2月21日。
24 同紙。
25 同紙。
26 『日本経済新聞』2006年10月26日。
27 『日本経済新聞』2009年11月27日。
28 http://haier.co.jp/corporate/info/global.html（2014年1月14日検索。）
29 『日本経済新聞』2009年11月27日。
30 同紙。
31 http://haier.co.jp/news/pdf/20091221_hjs.pdf（2014年1月14日検索。）
32 『日本経済新聞』2013年8月10日。
33 市村昭三・井上善海・須本隆幸・徳重宏一郎（2003）『テキスト基本経営学』中央経済社。
34 『日本経済新聞』2011年9月15日。
35 同紙。
36 http://www.samsung.com/jp/aboutsamsung/group/corecompetence/person/area.html（2014年1月14日検索。）
37 『日本経済新聞』2012年1月17日。
38 『日本経済新聞』2013年1月10日。
39 http://business.nikkeibp.co.jp/article/manage/20101019/216718/?rt=nocnt（2014年1月14日参照。）
40 『日本経済新聞』2013年1月10日。
41 http://www.ust.hk/eng/index.htm（2014年1月14日検索。）
42 『日本経済新聞』2014年1月9日。
43 文部科学省（2013年2月）「日本人の海外留学状況」。
44 『日本経済新聞』2013年2月9日，38ページ。
45 『日本経済新聞』2014年1月9日，31ページ。
46 川村倫大（2007）「"日本的"持ち株会社経営の今」『季刊政策・経営研究』Vol.3，2ページ。
47 Smith, L. E. (2009), "Dimensions of Understanding in Cross-Cultural Communication," in Murata, K. and Jenkins, J. (eds), *Global Englishes in Asian Contexts: Current and Future Debates*, New York: Palgrave Macmillan.
48 Claypole, M. (2010), *Controversies in ELT, What you always wanted to know about teaching English but were afraid to ask*, Germany, Linguabooks, p.46.
49 鳥飼久美子（2010）『英語公用語化は何が問題か』角川書店，24-30ページ。
50 Lewis, R. (2003), *The Cultural Imperative: global trends in the 21st century*, Yarmouth, Maine: Free Press, pp.65-91.
51 *Ibid.*, pp.83-85.
52 Cottrell, *op. cit.*, p.6.

補 遺

Japanese Global Companies: The Shift from Multinationals to Multiculturals

次ページ以降に掲載する上記の英語論文は，亀田が2013年に米国のグローバルビジネスコミュニケーションの専門誌である *Global Advances in Business Communication Conference & Journal* へ投稿し，同年9月に受理され11月に電子出版されたものである。以下に記すウェブサイトにて同論文は閲覧可能となっている。

http://commons.emich.edu/gabc/vol2/iss1/3

本論文を本書に掲載する目的は2つある。1つは当然のことながらその内容が本書のテーマであるグローバルビジネスコミュニケーションそのものを扱っているからである。もう1つの目的は，欧米の学術誌に投稿してみたいと願う読者に，英語論文の書き方や，必要とされる書式などを学んでもらえるのではないかと思うからである。

Acknowledgments

The authors express their sincerest thanks to *Global Advances in Business Communication Conference & Journal* and Dr. David A. Victor, its Editor in Chief, for permission to republish one of its papers authored by Naoki Kameda and published by GABC, as follows:

Japanese Global Companies: The Shift from Multinationals to Multiculturals (2013, Volume 2, Issue 1, Article 3)

The electronic link of this paper is available at:

http://commons.emich.edu/gabc/vol2/iss1/3

Global Advances in Business Communication

Volume 2 | Issue 1   Article 3

10-14-2013

Japanese Global Companies: The Shift from Multinationals to Multiculturals

Naoki Kameda
Doshisha University, nkameda@mail.doshisha.ac.jp

Follow this and additional works at: http://commons.emich.edu/gabc

Recommended Citation
Kameda, Naoki (2013) "Japanese Global Companies: The Shift from Multinationals to Multiculturals," *Global Advances in Business Communication*: Vol.2: Iss.1, Article 3.
Available at: http://commons.emich.edu/gabc/vol2/iss1/3

This Article is brought to you for free and open access by the College of Business at Digital Commons@EMU. It has been accepted for inclusion in Global Advances in Business Communication by an authorized administrator of Digital Commons@EMU. For more information, please contact libir@emich.edu.

Abstract

The purpose of this paper is to present a new paradigm of culture and society within the context of global management, introducing the concept of a "multi-cultural company" instead of a "multinational company." Globalization and multi-polarization of consumer markets are expanding in the world. The well-documented cases of both the BRICS and MINTS+V countries illustrate this new and borderless trend. Two further examples beyond these two point to a future trend. First, the Islamic market is expanding with a little over two billion people, its consumers backed up by the Islamic financial system. The second example comes with the ever-increasing populations and the expanding BOP (Base of Pyramid) markets worth US $5 trillion dollars in Asia and Africa, with about 4 billion people whose annual income is less than US $3000 dollars per capita. The core of global management strategy is to think and plan how to cope with the development of multi-polarized global economic environments.

In order to identify such target markets, multinational enterprises have to realize that these regions are overlapped by multiple cultures, religions, and societies. It is hardly possible now to map world markets based on the simple notion of national borders. A "multi-polarized society" signifies a chaotic state in which different cultures and societies exist both within and across national borders.

Introduction

When we examine nation states and the expansion of ethnic groups with their own cultures within and across their borders, we find various types. Some states have many multiple ethnic groups, cultures, and languages. The United States is one example of this. There are other cases in which one ethnic group, with its own culture and language extends across national borders. Rarely do we find—as with Japan—a mono-ethnic, mono-cultural, and monolingual state in modern times.

The world is like a mosaic with nation states, ethnic groups, cultures, and languages all intricately intermeshed. Each economic region, such as Europe, Africa, the Middle East, Oceania, Asia, and others, is made up of individual societies in which multiple ethnic groups live with their own unique religions, cultures, and languages.

In such a world the leading global businesses may have to change their self-perception and identity as "multinational companies" and develop a new concept of "a *multicultural* company" in order to successfully serve their various markets. In other words, a modern global company should think of its products and services, production, sales, advertising, publicity, and human resource management not only in terms of national but also cultural strategies.

Within this perspective, this paper will touch upon the currently prevailing situation and develop an ideal image of global management from a communication point of view. It will concentrate on Japanese multinationals in particular. The paper will discuss their management strategies in their worldwide attempts to cope with various religions, ethnic groups, cultures, and languages all mixed up together, while comparing them to their Western counterparts. Furthermore, it will focus on such issues as the communications between an HQ and its overseas subsidiaries, local employees, and stakeholders. Moreover, intercultural management and English as a corporate language (among other factors) will be also discussed.

International management by Japanese MNCs

Localization of management

The Survey of Overseas Business Activities (the Basic Survey) compiled by the Japanese Ministry of Economy, Trade and Industry every year publishes detailed statistics of 'overseas affiliates' in terms of the answers to the ministry's questionnaire to Japanese business companies (who employ about five million people outside of Japan). They include a question concerning who makes managerial decisions. According to the Ministry of Economy, Trade and Industry (2010), there were 18,599 answers for the subject regions such as North America, Latin America, Southeast Asia, China, the Middle East, EU, and Africa. The questionnaire sent to these overseas subsidiaries a year before asked respondents to pick the most appropriate answer out of the following five questions (METI, 2009a):

(1) Entrusting non-Japanese local staff with the managerial decision making,
(2) Entrusting third country national staff with the managerial decision making,
(3) Putting an appropriate person other than a Japanese into the local management even though the managerial decision is made by a Japanese manager,
(4) Having a Japanese manager make all the decisions at overseas affiliates, and
(5) Making overseas affiliates free from any decision as the HQ in Japan makes all the decisions.

Responses show that 80% to 85% of all the subject business companies answered either (3), (4), or (5) over almost all the countries and regions surveyed. This result suggests that Japanese multinationals have decision making at their overseas affiliates made by the HQ or the Japanese local managers. Today's world has become multi-polarized with the advent of emerging economies in Asia, the Middle East, South America, and elsewhere. Against the backdrop of such changes in the global business arena, Japanese multinationals should also change their philosophy and attitude toward decision-making and toward their global business strategies in order to maintain and further enhance their competitive powers.

Yoshihara (2005), who has published several monographs on Japanese multinationals, notes that they tend to have the following three characteristics:

(1) Management by Japanese,
(2) Management in Japanese, and
(3) The Japanese central hub model.

He showed that at Japanese multinationals the core personnel abroad are Japanese who work or have worked at the Japanese parent companies (Yoshihara, 2005, p.252). His research is supported by the results of the 2009 Ministry survey.

Japanese multinationals should change their management style by Japanese, in Japanese, and by the Japanese parent company, and try to entrust local and third country national staff with local management. They should provide non-Japanese staff with responsible positions and let the local staff and the labor market in the territory know that they can assume managerial positions if they have sufficient capability. Unless Japanese multinationals change their old system, they will not be able to attract nor employ talented people, and as a result, they will be destined to fail in their global management. Although we will discuss this issue again in the latter part of this paper, let us take a brief look below at one success story as an example for Japanese multinationals to follow.

Kikkoman, a well-known soy source brewer, started its global expansion relatively early at the beginning of the 1970s. In September, 2007, the US Congress and Senate adopted a resolution which praised Kikkoman, commemorating the 50th anniversary of the start of its US operation, for its contribution to the US economy and food culture (Ohkubo, 2007). Thus Kikkoman's performance has been acclaimed in the US. However, behind its success today, there were a series of hard efforts to localize its management in a way that was acceptable to US society.

Mogi, their CEO, stated in his book *International Strategy without Friction*, which he published when he was a junior managing director, "What is 'localization of management'? It is a philosophy of living and flourishing together in harmony with society, in particular a local society. And, to crystallize this philosophy is the 'localization of management' (Mogi, 1998, p. 88)." He further listed the following five rules for Kikkoman's localization of management (Mogi, 1988):

(1) To employ and promote as many local staff as possible,
(2) To transact business positively with local businesses,
(3) To participate positively in local activities and events,
(4) To require Japanese staff sent from HQ to avoid living in an enclave, and
(5) To delegate power to locals and let them decide as much as possible.

Globalization of Japanese Multinationals

The advent of the Internet has brought about new mode of communications known as Information and Communication Technology (ICT). As a result, business processes and systems have changed a great deal. ICT has made it possible for companies to expand their designing, purchasing, assembling, and marketing their products into foreign countries.

Representative models of this change are modularization and outsourcing. Modularization is revolutionizing production systems in such industries as aerospace, automobiles, electronics, etc. Component parts of a product are manufactured separately by specialized producers in different countries. These modularized, outsourced parts are then transported to a factory in another country for assembly before being shipped to world markets.

Global transactions like these are conducted daily regardless of the size of the businesses. Both small and large overseas individuals and companies receive outsourcing design jobs from big manufacturers. The draft designs are then created by Computer Aided Design (CAD) and sent to an overseas outsourcing manufacturer, where the company will use Computer Aided Manufacturing (CAM) to produce the product and export it to a finished-goods manufacturing company in another country. Then the product will be assembled at the final assembly line and shipped to the final selling market. However, in these varieties of highly divided labor and market business models, it is necessary for companies to communicate effectively with foreigners and foreign companies that use different languages and have different cultures.

Suppose that a Japanese company is dealing with business connections located in Vietnam, Thailand, China, Korea, and the United States. The communication process in these circumstances might be variously managed in accordance with one or more of the following four models:

1. Using translators who can understand both of the languages used,
2. Having the business counterpart understand your native language,
3. Understanding the language used by your counterpart, and
4. Using a third language or a *lingua franca* that both sides can understand.

Each individual business needs to decide which model is most appropriate to its needs in connecting widely scattered locations. To make such a decision, a company needs to conduct a thorough cost-effectiveness analysis, since each of these four models has its advantages and disadvantages from a cost/benefit perspective. If, for example, the information exchange is conducted through the Internet, the time-consuming and costly option of using translators is avoided, and communication is conducted directly with the other party using one of the other three options.

However, if the message sender is not proficient in the recipient's native language, but has no choice but to send the message in that language, the sender incurs translation costs (in terms of time and trouble) in carrying out this task effectively. Alternatively, if the sender spends little time and energy in expressing the communication in the recipient's native language, the effectiveness of the communication might be compromised. These and other problems highlight the economic significance of using BELF (Business English as a Lingua Franca), equivalent to the above item (4). In this regard, Coulmas (1993) has noted as follows:

> Economy cannot be thought of without communication, and communication is costly because the world consists of many different languages. Because many languages are being used in the world and each market has its own peculiar language environment, there should be a communicative capability most ideal to economic actions in such a peculiar environment. (p.176)

In addition, Coulmas (1993) has pointed out that a particular language might be more convenient *inside* a company and another *between* companies; in these circumstances, it is important for managers to decide which language should be employed, how it should be employed, and where it should be employed.

Many Japanese companies previously did not need to analyze complex modes of communication. The relationship between component manufacturers and finished-goods manufacturers was vertically integrated, stable, and long-term. Under the circumstances it was possible for the parties to understand each other with little or no communication. Silent agreement was all that was needed.

It is not likely that this kind of communication will continue to be effective. Businesses as well as products of today are modularized. People are going to live in a world where manufacturers will be specializing in assembling the products within their core competency and outsourcing the production of component parts they need for their assembly lines. Moreover, these activities will be conducted across borders. In many industrial fields, building globally structured networks is getting to be fundamentally necessary, and networks among people are becoming the core of the global economy.

International Management in the Multi-cultural Society

Global business by today's multinationals
Let's look into the world of global business by multinationals in terms of outsourcing. Not producing a product by oneself is called outsourcing or business process outsourcing (BPO). Today outsourcing is practiced not only in production industries, but also in research and development and operations fields such as call centers, company payroll and accounting data processing services, software development, etc. It has also expanded to knowledge industries such as biotechnology, market research and analysis, etc. This kind of intellectual outsourcing without the physical movement of goods is called knowledge process outsourcing (KPO).

Outsourcing now is common in global business. According to *Nihon Keizai Shimbun* (2007), the design of Airbus's main planes, Boeing's navigation assistance systems, and the development of research reports for an investment bank were all outsourced to Indian companies. Currently Japanese manufacturers supply Apple with approximately 40% of the iPhone 5 components. Also, in Boeing's new 787 Dreamliner nearly 45% of its component parts, including the fuselage and wings, are supplied by Japanese manufacturers.

In a similar vein are the globally synchronized supply chain management systems of major computer manufacturers. In many cases the big PC manufacturers manage their global supply chains to minimize inventory through the use of ICT. They use the Internet to feed real-time information about order flow to their suppliers worldwide, who then have up-to-the-minute information about demand trends for the parts they produce and supply. The suppliers use this type of information to adjust their own production schedules on a real-time basis, producing just enough component parts for their needs and shipping them by the most appropriate mode so that they arrive just in time for production. Thus, their ICT-based ordering and procurement systems have allowed them to synchronize demand and supply. And, their subcontracting companies in India offer BPO customer services to these suppliers as well as to global companies.

Issues of culture and international management

Hofstede, Hofstede, and Minkov (2010) introduced the concept of *value* as a core dimension of culture. According to them, values are broad tendencies to prefer certain states of affairs over others. Values are feelings containing a positive or a negative attribute. Also, values are abstract ideas about what a group believes to be good, right, and desirable. They are shared assumptions about how things ought to be.

Furthermore, US management specialists have introduced the ideas of 'norms' and 'folkways' in addition to 'values' (Hill, 2009). Norms are the social rules and guidelines that prescribe appropriate behavior in particular situations. Norms can be subdivided further into two major categories: folkways and mores. Folkways are the routine conventions of everyday life. They are actions of little moral significance. They are social conventions concerning things such as the appropriate dress code, good social manners, eating with the correct utensils, neighborly behavior, etc. Although folkways define the way people are expected to behave, violation of them is not normally a serious matter. Even if one violates a folkway, law does not usually punish him or her. Foreigners may initially be excused for violating folkways in many countries.

Hill (2009, p. 89) explains mores as norms that are seen as central to the functioning of a society and to its social life. They have much greater significance than folkways. Violating mores can bring serious retribution, focusing on such factors as indictments against theft, adultery, incest, and cannibalism. In many societies, certain mores have been enacted into law. However, there are also many differences between cultures. In Saudi Arabia, for example, the consumption of alcohol is viewed as violating important social mores and is punished by imprisonment. But, in Malaysia, another Islamic country, those who are not Muslims and foreigners are free to drink alcohol. In Japan, Korea, China, and the US, and also in many other Western countries, drinking alcohol is widely accepted.

When we go to either Africa or Europe, we find that cultural, linguistic, and national borders often differ and don't overlap. Many of the national borders in Africa were drawn by the former colonial nations and reflect the bargaining powers of each involved developing state. These artificial lines often ignore local cultures, languages, and kinship relations. Situations thus exist in which an ethnic group shares a language and possesses similar mores and folkways but dwells across one or more national borders. Clearly, therefore, the concept of a nation and a society do not always mean the same thing.

As Hofstede et al. (2010, p. 21) note:

> Societies are, historically, organically developed forms of social organization. Strictly speaking, the concept of a common culture applies to societies, not to nations. Nevertheless, many nations do form historically developed wholes even if they consist of clearly different groups and even if they contain less integrated minorities... In research on cultural differences, nationality—the passport one holds—should therefore be used with care. (p. 21)

In order for a group to be called a society, it should have the following three conditions:

1. Uninterrupted communication between the members within the group,
2. Regular activities by inner group members related to each other, and
3. Clear distinction between the group members and outsiders, which can be demonstrated formally.

In other words, we can call such a group a society if the members share something which demonstrates their membership, such as a language and common knowledge, and continuously communicate with each other. In this regard, Marukus (1991) writes in his thought-provoking book, *A View of Contemporary International Society*, that "A human being is not a species who can live isolated from others ... The development of language, a means of communication, gives a significant meaning to a species called a human being. That is to say a language naturally develops on condition that there exists others. It can be reasonably said that the fact that a language changes means that a human is not an isolated being in the first place." (pp. 43-44)

Verbal communications in Japanese multinationals

It is often said that a culture and a language are two sides of a coin, which means the two are inseparable. If this is so, then global managers of Japanese multinationals first have to understand the features of their own language style in beginning to understand successful international management. They must recognize that their own Japanese cultural backgrounds are different from those living in foreign societies. In this section we will look into language and communication styles peculiar to Japanese such as (1) *Ho-Ren-So*, (2) *Nemawashi*, and (3) *Ringi Seido*.

(1) *Horenso*
"*Ho-Ren-So*" is an acronym taking the first syllables of *Hokoku* (Reporting), *Renraku* (Contacting) and *Sodan* (Consulting). It signifies the basis of business communication in Japan. It is a continual and collaborative communication process between superiors, subordinates, and colleagues over the course of a project. Each term means as follows:

- *Hokoku* (Reporting): It means reporting to superiors on the progress, changes, if any, and result of your work in a timely manner when and if instructions and/or orders are given by superiors.
- *Renraku* (Contacting): *Renraku* means transmiting useful information of one's own will to those who may need it.
- *Sodan* (Consulting): It signifies ongoing consultation and discussion, usually with superiors and/or those involved over an issue or problem that one has to resolve, and asking for their opinions and suggestions.

The ways and means for the transmission of these processes involve oral communication, documents, or emails and other electronic communication tools. When selecting these tools, a manager must pay attention to the following points:

- Deciding on an appropriate tool, depending on the urgency, contents, and importance of each message,
- Recognizing that the purpose of a message is not only to transmit an idea but to have one's counterpart(s) understand it correctly,
- Practicing 5W1H (who, what, when, where, why and how) thoroughly and avoiding vagueness in the message,
- Separating facts from opinions for accurate information
- Attaching great importance to speed.

Horenso is a typical business communication practice peculiar to Japanese culture, in which great importance is placed upon cooperation within a group, which is considered the source of business success.

(2) *Nemawashi*
In Japanese business society managers have a unique system of communicating, negotiating, and decision-making different from the Western system. They usually prefer to reach a solution as amicably as possible and to compromise with others by laying the groundwork informally before reaching a final, formal agreement. This groundwork is referred to as *nemawashi*, which literally means "to dig around the root of a tree".

Nemawashi is a gardening word that means to prepare a tree for transplanting first by digging around it and then cutting some of the roots for taking new and thin roots. When the tree is transplanted in two to three months after this groundwork, it would be free from worries of withering. The term is now widely used in Japan today, especially in business circles, to mean the groundwork done before moving ahead with a plan.

Nemawashi involves approaching unofficially a person who would probably object to one's plan, has an influential voice, etc. to explain the issue and develop a consensus before proposing the idea at a conference. *Nemawashi*, as one of the features of Japanese style management, is commonly used as a prior maneuver for a board of directors meeting or a junior executive directors meeting to make the decision-making process run more smoothly. In Japan the adoption of a proposition or the making of a decision is often accomplished through a unanimous rather than a majority vote. Thus *nemawashi* is crucial in building complete support for a plan.

Nemawashi is practiced with the purpose of approaching in advance those who may object to one's proposal at a conference and asking them for support. This suggests that a conference in Japan is different from its counterpart in the Western world in that it does not allow for the clash of opinions. At a Japanese-style conference or meeting an opinions clash easily can lead to a damaging clash of personalities. However, at a Western style conference there is a tacit understanding that an opinions clash is only for the sake of argument. Because of this unspoken agreement, even a heated argument never ruins the human relationship of the parties concerned. A Western conference is for discussing and arguing propositions, but a Japanese conference serves mostly to inform participants about the issues already decided upon informally and to record a unanimous approval of the decision.

(3) *Ringi Seido*

Ringi Seido generally means "written proposal system". It is a process in which lower level managers, subordinates, and staff members make a proposal in a request form (*Ringi sho*) seeking the approval by the top management. This system consists of proposals written by the initiating section or department that are circulated horizontally and vertically to all layers of management for approval. Managers show approval of the proposal by stamping the document with their *hanko* (name seals) in the prescribed place. If managers disapprove the proposal, they just pass the document on without stamping, or they put their seals on it sideways. However, because of nemawashi, this seldom happens.

When approval is not unanimous, higher executives may send the document back with recommendations that more staff work be done on it or that the opinions of those who disapprove be taken into consideration. Managers may attach comments to the proposal if they wish (De Mente, 1994, p. 70). It is said that this system has the following advantages:

- To provide a safe way of making decisions because it allows the persons concerned with the plan to express their opinions on it, and it also assures that the plan will be reviewed by a large number of people,
- To give those who approve the plan the feeling of participation in formulating it; this makes it possible to implement the plan more smoothly, and
- To give the younger employees an opportunity to participate in business planning as originators, which makes them more interested in the company's operations (Nippon Steel Human Resources Development, 1995, pp. 163-165).

However, this system is also known to have disadvantages, such as diffusion of responsibility (difficulty in determining where responsibility lies), a time-consuming process (taking a long time to get a decision), etc. (Futagami, 2006).

In sum, the Japanese management system represented by *Ho-Ren-So*, *Nemawashi*, and *Ringi Seido* bases its principles on collectivism, featuring "bottom-up" management. This system or management style is different from that of the West, where the management is based on principles of individualism practiced by "top-down" executives.

The oft-quoted "collectivism represents the Japanese management system" is especially true in terms of the self-identification of salaried-men. The Japanese word *Uchi* literally means "inside", "interior" and also "house" or "home". It signifies "my house", "my place", an organization or group one belongs to, and has produced such terms and usages as *Uchi de wa*, which, for example, means "at our place (university, company, etc.)", *Uchi no shohin* meaning "our products", *Uchi no shacho* for "our president" all of which are everyday terms peculiar to Japanese businesspeople.

Drucker (2005) once said, "Suppose that we have a gathering of Westerners and Japanese. When asked what one does, a Westerner usually answers 'an accountant' while a Japanese would most probably say, '[I am working for] Toyota'. Introducing not one's profession, but one's organization shows that each individual member of a Japanese organization has a kind of family consciousness. Here lies the greatest strength of Japan". These words aptly describe Japan's collectivist culture.

International management and corporate common language
One of the major changes in international trade in the latter half of the 20th century was the flourishing of intra-company trade across nations and cultures. Along with its development, various types of across-border businesses have developed within the same company. They are not only involved in product design, production and assembly, order placement and procurement of component parts from suppliers, and domestic and overseas sales of the finished products, but also exchanges of information, issuing of instructions, and sharing of technical information.

However, to manage these complex business models, it was essential for people to communicate effectively with cross-border partners who use different languages and have different cultures. It became inevitable that a company would need a corporate common language for smoother communication among employees and affiliates having varying cultures and languages. Only with a common language would intra-company operations and communication run smoothly and efficiently

Consider the following two situations which illustrate the common language issue. The first situation is often seen in European companies where employees work together yet possess different nationalities. The other situation occurs in many Asian and African countries—multi-ethnic nation states. In these territories people who have the same nationality may share the same work site, yet they consist of multiple ethnic groups. In both situations a common language is needed.

For example, the population of Singapore consists of a mix of people from many ethnic backgrounds, including Chinese, Malay, and Tamil. Each of these ethnic groupings has its own language and culture. English has emerged as the 'link language' for these otherwise disparate peoples. Similarly, in Nigeria various people speak Hausa, Yoruba, Ibo, and other local languages. It is significant that within these post-colonial countries, English also continues to play an important role as a 'linking' language among peoples of varying cultures and languages.

An ideal corporate common language cannot always be a language of the territory where the headquarters or subsidiaries are located. Imada and Sonoda (1995) write, "If you speak Malay, Malaysian employees will definitely be pleased and good communication can be guaranteed. However, you will annoy the employees of other ethnic groups such as Chinese or Tamil as a person who is on good terms only with a particular ethnic group different from them (p. 88)." They continue, "When there exists multiple ethnic groups with their own strong identities, chances are it will make the best impression to communicate in a language which none of the ethnic groups uses. Actually, in Malaysia 'English,' the language of their ex-suzerain country, plays that role." (*Ibid.*)

International Management and the Role of Local Managers

The role of local managers and competency required
What is the ability for a local manager at an overseas subsidiary of a modern multinational to fulfill his or her role? Consider first the function of a multinational. Yasumuro (1995) defines this kind of organization as:

> a company that engages in a variety of management operations (production, sales, research and development, etc.) by using management resources (human, merchandise, money, and information) existing in various countries. Therefore, it functions to mobilize various management resources to activate various operations under the umbrella of one single business system. It must create and operate various business ventures and run them smoothly, particularly by employing

various people with heterogeneous cultural backgrounds and having them work successfully together (p.111).

The local manager is the key to the successful operation of a multinational, and we can summarize his role as follows.

A local manager is an administrator, communicator, and cross-cultural integrator. This person shares information with, talks to, receive reports from, or discusses ideas with the headquarters, local employees, and customers and suppliers in the host country and in surrounding countries. He must be especially attentive to local governments and their officials. The role of a local manager requires communication competency not only within a country or a cultural sphere but also within the company's global business environment across national, cultural, and linguistic borders.

Abilities required for a local manager, who in the 21st century probably should be called a global manager, are a first class ability to perform the duty as a manager, excellent ability to maintain human relations, and high-grade adaptability to different cultures (Yasumuro, 1993). All of these attributes require management communication ability. This ability involves skill in managing human relations with superiors, subordinates, colleagues, coworkers of other departments and sections, customers, suppliers, and all the other stakeholders. Management communication ability of this kind is equivalent to cross-cultural communication ability. Success comes to Japanese managers who have learned to avoid treating local employees as "locals" or "foreigners." Instead they are sensitive to the variety of ethnicities, cultures, and languages found in a multinational setting and communicate accordingly.

Multi-polarized markets and global staff

For Japanese multinationals that have to make their global management successful in a world of multi-polarized markets, new strategies for dealing with staffing must be developed. The Japanese system of managing overseas subsidiaries' staffs by dividing them into headquarters (Japanese sent from Japan) and local employees must be modified to accommodate all the varieties of cultures and languages discussed earlier.

It is common that in Asia, already a powerful consumer market, and Africa, expected to grow into a huge market, a variety of multi-ethnic groups with their various cultures, religions, languages and lifestyles are all mixed up together. The role a local manager has to play under these circumstances is not only to unite organically the local staff, customers and suppliers, and the headquarters, but also, as stated before, to serve the many global stakeholders beyond national and cultural borders. Such a manager must be armed with an ability to take a broad view of things, seeing the world with both local and global visions together. The local manager must have sufficient knowledge to understand the whole organization that the headquarters is developing worldwide. The manager must have an accurate grasp of the whole object of the multinational company for which he or she works and must apply his knowledge to the local conditions.

Given the exceptional abilities required of a local manager, a Japanese multinational should consider a variety of options. One approach is assigning a senior, director-level Japanese manager to an overseas Asian subsidiary supervisory position, even if the cost becomes rather high. Alternatively, it should contemplate assigning a non-Japanese from the US or Europe as the president of the Asian unit. Ideally, it should select a host country manager. Whatever the HQ does, the multicultural Japanese company should be led by Japanese, Asians, Americans, and Europeans, etc. as well as employing the variety of cultural and ethnic groups that exist in the markets served by the corporation.

Necessity of training global human resources

Japanese multinationals will have to train their staff so that they can become truly qualified local managers with a global perspective. According to the Japanese Ministry of Economy, Trade and Industry (METI, 2009b), the major goal of Japanese multinationals to truly globalize their operations is the "development /securing of HRs (human resources) to win global competition." The human resources required are (1) HRs capable of communicating/negotiating in foreign languages, (2) HRs equipped with borderless management skills, (3) HRs well experienced in overseas markets, and (4) HRs with high skills, etc. capable of innovation.

It is said that the success of Japanese civilization is rooted in the concept of *monozukuri*, which involves the relentless pursuit of excellence.[1] However, regarding this point, Nakatani, a global business specialist, has issued a warning, saying, "What is the essence of Japanese culture? It is Japan's "civilization" and "view of religion," both of which have contributed greatly to promoting Japan to one of the greatest economies in the world? .... [However,] Japanese multinationals are facing such issues as a decrease in population and market saturation and are compelled from now on to develop full-scale globalization. But the Japanese unquestionably are short of human resources suitable for genuine globalization.... Without training global human resources who have advanced communication skills, Japanese multinationals can expect a lowered probability of success in their globalization."

Nakatani's warning is to the point. Japan's culture and civilization have a great many wonderful ideas and things that no other countries have. Japan's most urgent task, nevertheless, is to encourage and foster well-prepared global staffs equipped with abilities to make the most use of those assets of Japan.

Conclusion

I have argued in this paper that Japanese MNCs are not globalized yet as to their overseas management, with a few exceptions, and proposed that their present staffing system should be changed. I propose a new identification of MNCs as " multicultural companies (MCCs)." Along these lines, I have described how Japanese MNCs have conducted their worldwide operations in terms of management style and the use of language and called for change. International management in multicultural societies, involving new patterns of business such as BPO and KPO, must take into account a sophisticated understanding of both society and culture.

The development of a sophisticated understanding in part can be built on strengths in verbal communications in Japanese MNCs such as *Ho-ren-so*, *Nemawashi*, and *Ringi-seido*. These were introduced as a unique and valuable system of communicating, negotiating, and decision-making prevailing among Japanese companies. The discussion also focused on consideration of what an ideal corporate common language would require. Finally, the paper covered the subject of international management from the viewpoint of HRM (the human resource management) and suggested the necessity of training truly global human resources for the further development of Japanese MNCs.

Although I have covered a wide range of subject matters in this paper, I was unable to touch upon the question of each individual businessperson's quality. His or her natural character and talent must also play an important role in making a global business a success. There is a generally accepted notion that the world is made up of distinct groups of people that think and act in predictable ways within the group. However, even within the same cultural grouping, there is so much diversity that cultural traits can only really be considered as made up of the most cursory and surface level stereotypes. We should separate cultural traits from the personalities of those working in the global business arena and with whom Japanese global managers must work. What varieties of personalities exist, and how do they differ from cultural traits? I would like to pursue these important issues in the next study as a new research theme.

REFERENCES

Coulmas, F. (1992). *Die Wirtschaft mit der Sprache mit der Sprache*. Frankfurt am Main: Suhrkamp Verlag, translated by Suwa, I., Kikuchi, M., Ohtani, H. (1993) *Economics of words*, Tokyo: Taishukan Shoten Co., Ltd.

Drucker, P. (2005). "My personal History", *Nihon Keizai Shimbun*, December 28, 2005.

De Mente, B. (1993). *Japanese Etiquette & Ethics in Business* (6th. Ed.), IL: NTC Business Books.

Futagami, K. (2006). *Dictionary of Business and Management*, Tokyo: Chuo Keizaisha Publishing Co., Ltd.

Heath, R.L. (1994). *Management of Corporate Communication*. Hilsdale, NJ: Lawrence Erlbaum Associates, Publishers.

Hill, C.W.L. (2009). *International business: Competing in the global business* (International edition, 7th ed.). Boston: McGraw-Hill Irwin.

Hofstede, G., Hofstede, G. J., & Minkov, M. (2010). *Cultures and Organizations: Software of the Mind* (3rd ed.), NY: McGraw-Hill.

Imada, T. & Sonoda, S. (1995). *A Gaze from Asia: Japan seen from ten thousand employees working for Japanese owned companies*, Tokyo: Tokyo University Press Association.

Japanese Ministry of Economy, Trade and Industry. (2010). Retrieved March 30, 2009, from http://www.meti.go.jp/statistics/index.html.

Japanese Ministry of Economy, Trade and Industry. (2009a). *The Survey of Overseas Business Activities* 1971-2009. Retrieved October 30, 2009, from http://www.meti.go.jp/policy/economy/jinzai/kokusaika-sihyo/kokusai_sihyo.pdf

Japanese Ministry of Economy, Trade and Industry. (2009b). *About the Indices to Gauge*

Japanese Companies on their Level of Internationalizing Human Resources (Internationalization Indices), April 2009. Retrieved February 10, 2011, from http://www.meti.go.jp/english/policy/economy/human_resources/management.pdf

Marukusu, K. (1991). *A Viewpoint of Contemporary International Society*, Tokyo: Maruzen Co., Ltd.

Mogi, T. (1988). *International Strategy without Friction*, Tokyo: Selnate Publishing Co., Ltd.

Nippon Steel Human Resources Development Co., Ltd. (1995). *Talking about Japan*, Tokyo: ALC Press Inc.

Ohkubo, T. (2007). Coexistence with regions is the key to success of making inroads into the US market: Joint resolution of gratitude to Kikkoman at the US Senate and Congress, *Global Management*, December, p. 30, Tokyo: Japan Overseas Enterprise Association.

Yasumuro, K. (1993). *International Management*, Tokyo: Nihon Keizai Shimbun Co., Ltd., p. 91.

Yasumuro, K., ed., Multinational Company Study Group (1995). *Multinational Company Culture*, Tokyo: Bunshindo Publishing Co., Ltd.

Yoshihara, H. (2005). Decline of Japan's Predominance in Asia. In T. Roehl & A. Bird (Eds.), *Japanese firms in transition: Responding to the globalization challenge* (pp.243-260), Oxford: Elsevier Ltd.

索　引

外国語

【A】
acceptance　53
acronym　119
ASAP　119
ASEAN　140, 141, 145, 150

【B】
BELF　ii, 1, 2, 14, 91, 93-95, 97, 100-102, 104-107, 135, 136, 139, 140, 145, 146, 154, 164
besok　13, 27
blue mountain　26
borderless　159, 174
BPO　165, 175
BRICs　1, 98
Business English　91
Business English as a Lingua Franca
　　ii, 1, 2, 14, 91, 93-95, 97, 100-102, 104-107, 135, 136, 139, 140, 145, 146, 154, 164
business process outsourcing　165
bypassing　13-15

【C】
CAD　163
CAM　163
CEO　62, 97, 162
Chief Executive Officer　62, 97
Chief Operating Officer　97
CIF　41, 42
collaboration　99
common　3, 9
common language　171, 175
common sense　9
communicate　22, 163, 167, 171
communication　9, 79

communis　3, 9
communism　3
community　3
comprehensibility　145
Computer Aided Design　163
Computer Aided Manufacturing　163
connotation(s)　14, 15
Contrastive Rhetoric　18
COO　97
cooperation　99, 169
core competency　164
counter offer　53
cross-cultural communication　173
Crystal, D.　84
culture(s)　13, 160, 162, 163, 166, 167, 171

【D】
Damen　34
decode　5, 70
decoding　6, 7
delivery　66, 129, 130
denotation　14
development　18
disarmament　14

【E】
encode　4, 70
encoding　6, 7
English as a Lingua Franca　91
English as a Second Language　17
ESL　17
Executive Vice President　63
expanding circle　86

【F】
Farb, P.　29
feedback　6

FOB 40, 41, 43, 44
Free on Board 40, 41, 43, 44

【G】

GDP 140
general agreement 25
General Semantics 69
Gents 34
global manager(s) 167, 173, 176
global transactions 163
globalization 159, 162, 175
green 26
green mountain 26

【H】

Herren 34
homely 15
human resource management 160, 175

【I】

IBL 56
ICT 163, 165
Incoterms 40
information source 3
inner circle 85
intelligibility 145
Internet 163
interpersonal communication 56
interpretability 145

【J】

Japanese 117
Jenkins, J. 91
Junior Executive Director 63

【K】

Kachru 84
Kankaanranta, A. & Planken, B. 94
Kirkpatrick, A. 89

【L】

Ladies 34
less than 65, 159

Lewis, R. 147
linear-active 148
Lingua Franca 83
link language 172
Louhiala-Salminen 100

【M】

Mahathir bin Mohamad 144
Managing Director 62, 63
meanings 16
medium 5-7
message 3, 5-7, 45, 73, 164, 168
modularized 163, 164
more than 16
multi-active 148

【N】

New China 99
NIES 140, 141, 145
noise 4, 6, 7

【O】

offer 53
opinion 22
outer circle 85

【P】

Pragmatics 73

【R】

reactive 148
receiver 4, 5
referent 25
reflection 137
return ticket 15
return trip ticket 130
round trip ticket 130
rubber time 119

【S】

Sale of Goods Act 66
Semiotics 73
sender 5

September end delivery 66
shipment 129
signal 3
silent agreement 164
silent trade 53
statement of fact 127
statement of inference 127
statement of judgment 127
symbol 25

【T】
terror 120
tomorrow 13, 27
Trade Terms 40
translators 163, 164
transmitter 3

【V】
Vice President 63

【W】
words 16
World Englishes 89
WTO 99

【Y】
You-Attitude 77
You-Consideration 77, 78

日本語

【あ行】
相手志向 129
相手中心志向 113
アウターサークル 85-87, 89
青信号 26
青山 25, 26
アクセプタンス 53
アメリカ英語 15, 89, 91, 93, 103
アリストテレス ⅱ, 1, 9, 17, 20, 90, 136, 137
アルトバック，P. G. 101
アングロ＝サクソン 82

以下 65
イギリス英語 89, 91, 93, 103
池上嘉彦 37, 46
意見 126, 127
以上 65
以心伝心 78
一を聞いて十を知る 48
一対多 153
一般的合意 25, 31, 33, 36-38, 40, 69
伊藤，ケリー 48
異文化間 116
異文化コミュニケーション 8, 16, 29, 49, 50, 72, 74, 75, 111, 113, 115
異文化ビジネスコミュニケーション 11, 44, 111
意味 54
　──付与説 8
意味論 9
　一般── ⅰ, 9, 16, 45, 50, 57-59, 69, 70, 75, 122, 129
インコタームズ 40-43, 55, 64, 70
インターネット 101
インタープリタビリティ 145, 146
インテリジビリティ 145, 146
インナーサークル 85-89, 91-93, 95, 101-104, 106, 139, 140, 145, 147, 150, 153
受け手 8, 13, 14, 25, 59, 122
渦巻き線型 17
運賃保険料 41
英語運用能力 87, 88, 93, 100, 101, 106
英語格差 84, 87, 88, 97
英国物品売買法 66
英語公用語化 87, 97, 100
英語帝国主義 95
英語への所有権意識 94
エクスパンディングサークル 86, 87, 89, 92
エスペラント語 96, 97
遠心力 102-107, 146
往復切符 15, 130
送り手 7, 13, 14, 25, 59, 122
尾崎茂 77
オファー 53

【か行】

外延　14
解釈　8, 64, 125
　　──過程　54
　　──項　54, 70
改正米国貿易定義　40, 43, 44
解読　8, 38, 64
概念　59
カウンターオファー　53
書き手　16, 20, 21, 122, 123
カークパトリック，A.　89
カチュル　84, 86, 87, 89, 92, 135
カプラン，R.　17
カンカーンランタ，A.　94
漢字文化圏　138
感情的色彩　14
聞き手　6, 9, 16, 21, 118, 150
企業文化　11, 135, 142
記号　3, 7-9, 12, 25-34, 36-38, 40-42, 44, 54, 58-
　　　60, 64, 69, 70-73, 114, 115, 118
　　──化　5, 6, 38, 76
　　──解読　5, 6, 39, 70, 71
　　──媒体　54
　　──変換　5, 6, 70, 71
　　──論　37, 69, 70, 73
　　商学的──　54, 57
起承転結　18, 20, 21, 138, 139
規範　9, 87, 89, 93, 103, 106, 135, 153
逆送信機　4
求心力　102, 104-107, 146
共通語　i, ii, 16, 44, 46, 49, 50, 56, 59, 67, 91,
　　　92, 100-105, 145, 146
共通商用語　2
クリスタル，D.　44, 84
グレートブリテン島　82
グローバル化　135, 143, 147
グローバルビジネス英語　5-7
グローバルビジネスコミュニケーション　7, 12
グローバルマネージャー　60
経路　5, 7, 38
結論先型　20, 48
権威　88, 94, 101-103, 149

言語学者　83
言語差別　95-97
言語平等主義　96
交通信号　26, 30, 33, 34, 36, 38, 39, 69
高等教育　101, 102, 105, 137
国際共通語　46, 82, 83, 93-96, 103, 139
国際経営　i, 1, 11, 119
国際商業会議所　40
国際商取引　i, 1, 11, 93, 103, 119
国際照明委員会　39, 40
国民的確信　31, 37, 117
古代　83
国旗　30-32, 36, 37, 117
コップ半分の水　123
コード　7, 8, 37-42, 44, 62-65, 67, 70, 72, 93
コミュニケーション　i, ii, 1-3, 5, 8-11, 13,
　　　15, 20-22, 25, 27, 28, 33, 44-50, 64, 71, 72,
　　　74, 76, 78, 79, 91, 92, 95, 96, 98, 99, 109,
　　　111-114, 132, 145, 146, 149
　　──・ギャップ　44, 45
　　──能力　2, 12
ゴムの時間　119
語用論　73
ゴーン，カルロス　97, 98
混合語　83
コンテクスト　8, 64
コンプリヘンシビリティ　145

【さ行】

最高経営責任者　62, 97
サイレント・トレード　53
雑音　4, 6, 7
サムスン（三星電子）　141-143
ザメンホフ　96
サリバン，J. J.　121, 122
三角形のロジック　130
山上の垂訓　113
三段論法　137
ジェトロ　42, 43
ジェンキンス，J.　91
刺激－反応説　8
自己中心的考え方　116
指示概念　30, 36, 40, 59

指示対象　54, 70, 71
事実　125, 127
　　――の文　127
指示物　25, 27, 29, 30, 33, 36, 54, 59
自然言語　94, 96, 97, 147
自他同一　78
社会言語学　82
社内公用語　135
シャノン　3-5
儒教　138
受信機　4, 5, 21
受信者　i , 4-7, 12, 13, 38, 41, 57, 64, 69, 72, 74-79, 124, 128, 129
受信地　4
商業英語　10
　　――学　10, 55
承諾　53
情報源　3, 4
常務取締役　62, 63
仁　138
新月　32, 36
信号　3-5, 12, 69, 70
人工言語　95-97
推論　16, 122, 125, 127, 131
　　――の文　127
スカンジナビア語　100
スカンジナビア諸語　83
鈴木孝夫　28, 32, 35, 36, 59, 60, 119
世界英語　89, 104
赤十字　32, 33
赤新月　32, 33
説明先型　20
全般的合意　117
全般的取り決め　25, 31, 33, 36-38, 40
相互作用過程説　8
送信機　3, 4
孫子の兵法　111

【た行】

第二言語　17, 44, 56, 62, 86, 87
太陽　30-32, 36, 114, 119
太陽神　31, 119
多言語コミュニティ　105

脱英米化　96
田中克彦　83
断定　16, 122, 123
地域専門家制度　141
中世　83
中立　93
直線型　17
沈黙貿易　53
通信路　4
通訳　63, 110, 111, 114
　　――者　15
月　32, 36
月影　33, 35, 114
月の影　33-36, 114, 115
津田幸男　95, 96
ディベート　131
デリバリー　66
テロリスト　120, 121
天声人語　18, 19, 139
伝達事項　5, 57
伝達内容　38, 41
ドイツ　82
トイレ　34, 36, 38, 69
統一規則　65, 66, 70
鳥飼久美子　87, 88, 95
トレード・タームズ　55, 70

【な行】

内包　14, 15
中村巳喜人　10
荷為替信用状に関する統一規則および慣例　58, 64, 66
虹　28-30, 34-36
ニスベット, R. E.　21
日産自動車株式会社　97, 98
日章旗　31, 34, 35
日本型経営システム　141
日本貿易振興機構　42
認識　125
　　――ギャップ　116, 118, 119, 123, 125, 127-132
　　――性　145, 146
　　――の隔たり　114

野中, I.　121, 122
則定隆男　10
ノルマン・フランス語　83

【は行】

ハイアール（海爾集団）　142
ハインズ, J.　18, 20, 21
履き違え　12, 13, 28, 69
パセプション・ギャップ　114
発信機　21
発信者　i, 5-7, 12, 13, 38, 41, 57, 64, 69, 72-79, 128, 129
話し手　i, 9, 14, 16, 20, 21, 44, 118
ハヤカワ, S. I.　16, 122, 123
反対申込み　53
判断　125-127, 129
　——の文　127
反応　5, 6, 8, 18, 19, 47, 54, 70, 73, 114, 118, 119
比較論理学　17, 18
ビジネス英語　i, 54-56, 77, 111
ビジネスコミュニケーション　i, 1, 10, 45, 57, 74, 79, 82, 118, 129, 131, 153
　——能力　2
ピジン　83
日の丸　30-32, 37, 117, 119
批判的思考法　137
氷山　45, 59, 60
ファックス　29
フィードバック　122
復号化　5, 70
複数形　89
符号　25, 37
　——化　4, 5, 70
武装解除　14
船積(み)　16, 65, 66, 129
プランケン, B.　94
文化　i, ii, 1, 5, 8, 9, 11-14, 16, 17, 20, 22, 26, 28-30, 32-37, 45, 46, 50, 59, 61, 63, 72, 73, 79, 84, 87, 89, 91, 94, 95, 103, 104, 106, 110, 111, 113, 114, 116, 118-121, 132, 137, 138, 140, 143, 145, 148-154
　——相対主義　135

　——のズレ　121, 122
　——類型　148-151
文章構成法　2
平行線型　17
変種　89, 100
貿易定型取引条件　55
報告　16, 110, 122, 123
母語主義　95-97
補足説明　49, 50, 76, 112, 128, 129
翻訳　26, 27, 48, 62, 63, 68

【ま行】

マッカーサー, T.　102, 104
マハティール・ビン・モハマド　144
マルチアクティブ　148, 150, 151
三日月　32, 36
無言貿易　53
メッセージ　i, 3-5, 7, 9, 10, 12, 21, 25, 38
メール　56, 57, 104, 149
　電子——　47, 114
茂木秀昭　131

【や行】

八代京子　46-48
郵便ポスト　30
行き違い　12
輸出港本船渡し　40
読み手　i, 14, 20, 21
ヨーロッパ　82

【ら行】

ラテン語　83, 101, 103-105, 107
リアクティブ　148-150
リニアアクティブ　148-150
リンガフランカ　56, 67, 83
ルイス, R.　147-151
ルヒアラ-サルミネン　100
レトリック　9, 74, 90, 91, 93, 136, 138-140
　——説　9
ロジック　131
論拠　28, 112, 128, 130-132, 139
論理　20, 48, 112, 128, 131, 132

著者略歴

亀田　尚己（かめだ・なおき）

1943年	神奈川県横浜市生まれ
1969年	日本大学大学院商学研究科修士課程修了
1977年	日本大学大学院商学研究科博士課程単位取得退学
1980年	（株）タモンインターナショナル代表取締役社長
1993年	同志社大学商学部助教授
1997年	同志社大学商学部教授
2000年	同志社大学大学院商学研究科教授
現　在	同志社大学名誉教授
	商学博士
	国際ビジネスコミュニケーション学会相談役
著　書	*Managing Global Business Communication*（丸善出版，2005年）
	『国際ビジネスコミュニケーション再考』（文眞堂，2009年）
	『英語ができるのになぜ通じないのか』（日本経済新聞出版社，2012年）
	『和製英語辞典』（共著，丸善出版，2013年）
	など
受　賞	平成7年度貿易奨励会奨励賞（財団法人貿易奨励会）
	1997年 ABC 卓越した刊行物学会賞（The Association for Business Communication，米国）
	2013年 ABC 卓越した会員賞（同上）

担当箇所：はじめに，第1章，第2章，第3章，第5章，補遺

佐藤　研一（さとう・けんいち）

1970年	青森県八戸市生まれ
1994年	一橋大学社会学部地域社会研究課程卒業
1994年	日本電信電話株式会社
1999年	NTT コミュニケーションズ株式会社
2001年	ロンドン大学インペリアルカレッジ経営大学院 MBA 課程修了
2005年	武蔵野大学文学部専任講師
2009年	武蔵野大学文学部准教授
2011年	武蔵野大学グローバル・コミュニケーション学部准教授
現　在	同志社大学商学部准教授

担当箇所：第4章，第6章

グローバルビジネスコミュニケーション研究

2014年4月20日 第1版第1刷発行　　　　　　　　検印省略

著　者	亀　田　尚　己	
	佐　藤　研　一	
発行者	前　野　　　弘	
発行所	東京都新宿区早稲田鶴巻町 533 株式会社　文　眞　堂 電話 03 (3202) 8480 FAX 03 (3203) 2638 http://www.bunshin-do.co.jp 郵便番号 (162-0041) 振替 00120-2-96437	

印刷・モリモト印刷　　製本・イマヰ製本所
© 2014
定価はカバー裏に表示してあります
ISBN978-4-8309-4813-8　C3034